学校文化变革丛书

丛书主编 杨四耕

教育之道，道在心灵

主编◎郭纪标

华东师范大学出版社

图书在版编目(CIP)数据

教育之道,道在心灵/郭纪标主编.—上海:华东师范大学出版社,2014.6
(学校文化变革丛书)
ISBN 978-7-5675-2246-6

Ⅰ.①教… Ⅱ.①郭… Ⅲ.①教育—文集
Ⅳ.①G4-53

中国版本图书馆 CIP 数据核字(2014)第 145913 号

学校文化变革丛书
教育之道,道在心灵

丛书主编	杨四耕
主　　编	郭纪标
责任编辑	刘　佳
责任校对	高士吟
装帧设计	卢晓红

出版发行　华东师范大学出版社
社　　址　上海市中山北路 3663 号　邮编 200062
网　　址　www.ecnupress.com.cn
电　　话　021-60821666　行政传真 021-62572105
客服电话　021-62865537　门市(邮购)电话 021-62869887
地　　址　上海市中山北路 3663 号华东师范大学校内先锋路口
网　　店　http://hdsdcbs.tmall.com

印　刷　者	常熟高专印刷有限公司
开　　　本	787×1092　16 开
印　　　张	14.5
字　　　数	225 千字
版　　　次	2014 年 10 月第 1 版
印　　　次	2018 年 7 月第 4 次
印　　　数	16301-18400
书　　　号	ISBN 978-7-5675-2246-6/G·7464
定　　　价	29.00 元

出版人　王　焰

(如发现本版图书有印订质量问题,请寄回本社客服中心调换或电话 021-62865537 联系)

一所优质学校应有的文化迹象

建设优质学校是基础教育改革的一个重要追求,而这一追求的实现在很大程度上取决于学校能否发起一场变革,以及在变革中能否生成特定的学校文化。

今天,"文化的力量"正日益凸显其重要功能。一所学校特有的文化,营造了一种特有的相对稳定的组织氛围和言行标准,赋予了这所学校师生有别于其他学校的一种特有的"身份认同",使他们在认知、态度和行为等方面主动"调适"自身的身份要求和特有倾向。不管我们承认与否,每一所学校都会有一定的文化存在,也有其相应的文化特点。一所学校的文化究竟如何,直接影响着教师和学生的发展,影响着学校的发展乃至学校变革的顺利推进。一所学校能够持续其特色发展离不开学校文化的润育,学校的办学特色集中表现为学校文化的特色,学校文化的发展水平决定着学校的发展水平。学校要想有足够的"磁性",就必须提升学校的核心竞争力;学校要想具备足够的核心竞争力,就必须拥有持续不断的、强大的变革能力;而强大的变革能力基于特色鲜明、不断适应时代发展的学校文化。学校文化是学校核心竞争力的关键所在,是学校特色发展的根基所在。

文化在本质上是一种价值观,学校文化的核心精神体现在学校教育哲学里。学校文化虽然可以通过学校的建筑与仪式、环境与布局表现出来,但实际上,真正催人奋进、真实感人的文化力量,还是要通过日常教育教学,通过教师鲜明的个性与为人来"呈示"。

一所学校有没有自己的文化,最关键的不是看"大楼",而是看"人",看教师们有没有真实的个性,有没有感人的故事,有没有被学生记住,有没有真正影响学生的人生与成长;教师在工作中能否做到劳逸结合,能否给自己更多的积极心理暗示,团队成员和师生之间能否相互激励;教育过程能否充满谅解和同情,教师能否帮助学生缓解焦虑和压力;在学校全部生活中是否充满了对人的细节关怀……我这样说并非要否认和排斥学校的硬件建设。有钱当然要投入,但在投入过程中不妨更注重"软文化"建设,在开掘和利用传统文化资源的同时经营学校文化品质,让未来的呈现真正经得起时间的涤荡,形成鲜明深刻、一以贯之的学校教育哲学。因此,我们要积极整合学校文化变革架构,使学校"硬文化"与"软文化"成为不可分割的整体,让学校真正散发出恒久的、迷人的文化芳香。

瑞士洛桑国际管理学院丹尼尔·丹尼森教授在对1500多家样本公司研究后,指出:适应性(adaptability)、使命(mission)、参与性(involvement)与一致性(consistency),是理想组织的四大文化特征,这四大文化特征对一个组织的发展具有重大影响。按照丹尼森教授的观点,判断一所学校是否具有真正的文化,可以从以下三个方面考量:一是全体教师有没有都觉得"这件事"很重要?二是全体教师是不是每天都会想"这件事"?三是学校中的每一个人能不能每天都用"这个方法"去做事或者每天都能表现出来?如果肯定地回答第一个问题,表明学校存在着价值观;肯定地回答第二个问题,表明这种价值观已融入了大家的思想;肯定地回答第三个问题,则表明这种价值观已融入了大家的行为,学校文化得到了落实。因此,文化作为一种价值观,是一种表现,是一种感觉,尤其是一种别人在你身上感受到的感觉,它最终必然要融入到你的思想与行为之中。这就是为什么我们走进不同的学校会有不同的感受,为什么我们对不同学校中的教师和学生也会有不同的感受的原因所在。

我以为,一所优质学校要有自己的文化信仰,要有适应外部环境变化的能力,要有不断提升变革能量的内驱力,要有永远秉持"学生第一"的教育立场。今天,我们不论培养孩子成为什么样的人,是不是都希望孩子一定幸福?如何能够获得幸福?今天,人们都在追求幸福,但往往追到了别的,忘却了幸福使命本身。一个自己都不幸福的人,能够教别人幸福吗?学校应当成为一个真实的、合宜的、儿童能处处发现自己的幸福世界。须知,儿童才是学校文化变革的核心价值,我们应努力彰显学校文化的"人学"内涵,让我们的孩子有爱、善良、高贵、干净、宽容、尊重;让他们有学习的愿望、热情与能力;让他们头脑自由,能有尊严地面对世界;让他们心灵丰富,服膺真理与崇尚智慧。这样,教育改变的就不仅仅是那些作为弱势群体的人们的命运,改变的是整个国家的命运、民族的命运,改变的是我们所有人的生活。

在我的概念中,一所学校如果有以下特征,肯定不能算作真正的优质学校:没有主张变革的学校领导;教师没有专业自主权,不能参与学校决策,自我效能感缺失;有相当一部分学生受到不公平的待遇;缺少学习的气氛,没有浓郁的学习氛围;学生成功的路径单一,学校评价教师的维度单一,忽视学校的道德责任等。这些学校往往把外在的或上级的要求作为关注点,重视短期利益和可见的成果,注重外部表现多于内涵发展,在乎的学校的"结果性表征",引以为豪的是好的生源、好的教师、好的成绩等。

其实,优质学校是一个永无止境的追求卓越的过程,是与时俱进地获得变革理念,提升变革能量的过程,是不断通过"增能"与"进步"实现对自身超越的过程。我坚信,不论学校现有的起点如何,只要充分认识自己,发现自己,采取适当的措施,持续变革,每一所学校都有可能成为真正意义上的优质学校。从本质上说,优质学校是一种理想与实践的文化。如果从文化变革的视角描绘,优质学校大概是这样的:有鼓励不断学习和可持续发展的机制,存在追求卓越的文化机制;有共享的价值观和愿景,学校发展凝聚着历史、现实和未来的智慧;有博大的胸怀,学校汇聚着不同性格、不同才情、不同背景的教师,在这里教师可以充分享受到专业尊严和自由创造的欢乐;把学生的发展作为一种责任,把促进每一个学生健康快乐成长作为使命,而不是把学生分成不同等级;追求卓越,不断创新,不因为是"好学校"而停止探索的脚步。

教育是最应该富有正义感和良知的事业,学校是最应该充满对美好人生憧憬的场所。假如教育失却理想,我们还能有什么?假如学校没有憧憬,我们还能有未来吗?

学校文化变革从其品质来说,是充满生命气息的,是能够让生命活力涌流的,是能够让智慧之花尽情绽放的。近些年来,因为工作关系,我参与了不少学校的文化变革实践与研究,积累了一些认识,有了和一线学校一起"整理"学校文化变革经验的冲动。这便是"学校文化变革丛书"的背景和缘由。华东师范大学出版社的领导和编辑,给予了我们莫大的鼓励,让我们有勇气拿出我们关于学校文化变革的"意见"。我们希望,通过这套丛书,给广大中小学文化变革实践提供些许参考。

杨四耕

2013 年 5 月 12 日于上海市教育科学研究院

目　录

前言：让灵魂不再跪着/郭纪标　　　　　　　　　　　　　　　　**001**

1　梦想　　　　　　　　　　　　　　　　　　　　　　　　　　**001**

　　人靠什么生活，不是面包，不是牛奶，而是梦想和希望。20世纪德国哲学家恩斯特·布洛赫指出：希望是"更美好生活的梦"，是照亮未来视域的乐观期待，是美好生活的信仰。人类不能没有希望，教育不能没有梦想……因此，真正的好学校是师生实现生命意义的地方，是师生点燃梦想、实现希望的地方。不能给人梦想和希望的学校绝对不是好学校。

每个孩子都会是一朵向阳花 / 003

给三分自留地，等待春暖花开 / 008

灵动轻盈，轻舞飞扬 / 016

徒手画圆，其实不难 / 026

奏响孩子心中的滴答滴 / 031

2　解放　　　　　　　　　　　　　　　　　　　　039

　　教育之道，道在心灵。教育是以心灵感应心灵的过程。欲望显示存在，而心灵决定存在的品质。一个人的快乐与幸福，不是由你获得了多少来决定，而是决定于你体验到了多少。毫不客气地说，如果教育未能触及人的灵魂，未能引起灵魂深处的变革，就不能称其为教育。如果孩子们的心灵没有被教师感应到，那么教育的本质将离我们越来越远。其实，教育的全部秘密在于解放心灵，在于尝试着放弃控制之心，渐渐地，不仅解放了孩子，也解放了自己。

　　宽容可以收容每一颗心灵 / 041

　　扬起"零零后"的正能量 / 047

　　"1+1"齐步走 / 054

　　教师是学生的镜子，学生是老师的影子 / 060

　　让孩子们飞翔在蓝天之上 / 066

3　真诚　　　　　　　　　　　　　　　　　　　　071

　　爱，是教育的前提，而且这种爱应是真诚的、发自内心的，让孩子们能感受得到的。教师之爱应是透彻的爱，是不含杂质的爱，是宽容而不纵容、关心而不包办、严管而不强制的爱。教育的真谛，就在于以仁爱之心点燃梦想之火，以信任之剑斩断心灵枷锁，以唤醒之手开启灵魂之门。只有这样，学校才能化知识为智慧，使文明积淀成人格；只有这样，教育才能焕发出人性的光辉，释放出巨大的能量和持久的效力。

　　想说爱你，很简单 / 073

　　爱在点滴细微之处 / 082

　　同一起跑线，我们一起奔跑 / 087

　　不一样的孩子，不一样的赏识 / 093

　　让学生"舞出"生命的华彩 / 100

4　照耀　　　　　　　　　　　　　　　　　　　　　　　　　　107

现今的教育对知识"情有独钟",以分数衡量一切,教育不再是对他人的体谅心、梦想以及对社会的贡献。马卡连柯曾说过:"培养人,就是培养他对前途的希望。"教育的核心是什么?是培育孩子们心中的太阳,教育就是用自己心中的阳光去照耀孩子的心灵。学生在教师的引导下,逐渐成长,从而孕育出自己心中的太阳,然后去照亮自己和别人,去照耀整个世界。

不要在冬天里砍倒一棵树 / 109

孩子心里美滋滋 / 118

每个孩子都渴望得到阳光的照耀 / 122

师生间的"化学反应" / 127

心里有阳光,才能有亮光 / 134

5　信任　　　　　　　　　　　　　　　　　　　　　　　　　　141

儿童的内心世界是纯真而透明的,充满了爱与梦想,是一个与成人世界大不一样的天地。一味地管教、苛责、束缚只会压抑个性,使学生原本丰盈的心灵之泉枯竭,原本充满希望的梦破灭,原本多彩的人生因此而黯淡。每一个人都渴望被人尊重、被人信任。一位哲人曾经说过:"信任是开启心扉的钥匙。"一个赞许的目光,一句肯定的话语,一次成功的鼓励,都会使人产生奋发向上的动力,点燃内心的希望。

每个孩子都是一朵美丽的水晶花 / 143

丑小鸭变天鹅 / 153

让学生自己"下海捕鱼" / 159

学生不是电脑,教师更不是鼠标 / 168

放手,把时间还给学生 / 174

6 自然

与尊重观念密切相关的,还有三个"不能超越"观念:孩子们的生命健康不能超越,人格尊严不能超越,个体差异不能超越。无论我们的压力有多大,这三个"不能超越"须时刻谨记。不要为孩子设定统一的成长标准,不拿这个孩子和那个孩子比较,接受孩子最自然、最本真的状态,这在教育过程中至关重要。

汩汩清泉流进孩子的心里 / 181

有力好风,让孩子直上青云 / 190

孩子眼中有一个色彩斑斓的世界 / 198

每个孩子都有一颗水晶般的心灵 / 204

让"绿色"住在孩子的心里 / 210

前言:让灵魂不再跪着

快乐是孩子的标志,活泼是孩子的天性。比真理更接近事实的是常识,我们的教育不能僭越这些常识。

当前,我国中小学教育仍以知识授受为中心,以知识灌输为基本方式,以知识再现能力为终极目标。长此以往,学生成为装知识的"袋子",而教师则沦为"装袋人"。这种教育必然导致学生心灵的物化和精神生命的枯萎。这或许是当下教育的心病。

一位教育专家说过这样的话:"今天的教室里,坐着的是学生,站着的是老师;而在精神上,这种局面恰恰相反——站着的先生始终处于至尊之位,而坐着的学生的躯体内,却藏着一颗战战兢兢的站着甚至跪着的灵魂。"说得好!让我们来看看当下的教育吧:孩子们被束缚在教室里,限制在课桌前,爬行于书山上,挣扎于题海中。他们虽然拥有法律赋予其受教育的权利,却没有学习主动权和自由度。他们以"分"为向导,以"考"为法宝,死记硬背,疲于奔命,沦为书本的奴隶、做题的机器;他们很难有时间和空间去发展自己的兴趣,去驰骋自己的想象,去彰显自己的智慧。孩子们的灵性被掐了,个性被阉了,那种"人家畜性"(鲁迅语)的奴性被"嫁接"上了……

每一所学校的办学理念都应在追问"人是什么"这一问题的基础上提出。"快乐学习,自能发展"是我校坚持的办学理念,它以人的本体属性为依据、以内部价值为内动力、以外部环境为外驱力,努力去实现孩子们的生命意义。

我们认为,教育作为"人学"过程,关注人的生成与发展,促使人"终于成为自己与社会结合的主人,从而也就成为自然界的主人,成为自己本身的主人——自由的人"。教育对人的成长负有一种无可逃避的责任,它使人适应生存的时代,而不致将他排除在人生的最伟大目标之外;它将开启世界的钥匙——独立和仁爱授之于人,赋予他作为一个自由人只身跋涉而步履轻捷的力量(何塞·马蒂语)。教育的世界应该是自由的、丰富的,教育应该是宽泛的、深刻的、自觉的。从生命成长过程来说,教育是精神的唤醒、潜能的显发、内心的敞亮、主体的弘扬、个性的彰显与灵魂的感召。

马斯洛的需要层次理论认为,对人的发展起到驱动作用的是动机和需要。他特别崇尚高级层次的"自我实现的需要",他认为"它可以归入人对于自我发挥和完成的欲望,也就是一种使人的潜力得以实现的倾向。这种倾向可以说成是一个人想要变得越来越像人的本来模样,实现人的全部潜能和欲望"。一般地说,人之发展的心理能量可以归结于"自我价值",自我价值由"自信"、"自爱"和"自尊"三项素质组成,人的发展是这三项素质的函数变化。

因此,我们可以把规定着人之发展的内部价值概括为对"真"、"善"、"美"的追求。"真"的价值存在于人类永恒的追求过程中。无论何人,无时无刻无地不在执着地对自然、对社会、对自我进行着"真"的描述、"真"的理解、"真"的分析与综合,且借鉴别人追求的成果,改变自己的思路,使自我向"真"迈进。"善"的价值存在于对"真"的实践中。传统的儒家思想以为善就是"仁"、"爱",其实善还有"对"和"好"的一面。对于"真"的存在,我们如何处理好,运用好,是人类活动的核心命题。我们应当用"仁"的态度,"对"的手段,"好"的要求对待"追求"来的"真",使自我走向完善。"美"的价值存在于对"善"的向往之中,人们向往"善"的境界美,便会产生一种深刻的自尊、自爱,从而以强有力的自律精神和道德责任感,去顽强地履行生命意义和社会责任赋予的任务和使命。在真善美里,"灵魂"有了明确的意向,"需要"有了标准,"自我价值"有了依托,于是形成了"快乐学习,自能发展"的内动力。

除了内动力以外,"快乐学习,自能发展"也是外部因素激励下的发展。研究证明人的发展只可能将外部因素转化为内部因素,但决不可能离开外部因素。影响人发展的外部因素可分为三类:第一类是文化背景。包括人类创造和积累的智慧精华——知识,包括反映人类伦理秩序的道德文明,包括创造人类文明的人文精神,包括反映人类文明程度的经济形态、技术形态等等,它关涉人的生命的理智发展、道德成长和人的类本质,因而是最重要的因素,也可以说是外部因素的核心。第二类是生存状态。个体的生存状态,不存在于孤立的个体中,而存在于个体与环境的交流中,个体的生命因素在应对自然和社会时所表现出来的适应程度,特别是在社会竞争中所显现出来的差异,以及在社会评价中所处的地位,尤其是生存危机,是刺激个体必须改变自己状况的最直接、最实际的诱因。第三类是人际交往。出现在个体生命活动空间的人对个体的发展影响是最生动的,个体在与生活空间的人交往的过程中,不断地进行对比和反思,推动着自己以一种同化、顺应和平衡的方式发展。个体在人际交往中最积极的表现是与他人形成互动互构关系,即以自己的发展影响他人的发展,把他人的发展作为自己发展的条件,从而使自己走向类主体。

当然,人的发展不仅有知识能力维度,更有本体属性维度以及潜能开发维度。在本体属性维度,要着重培养人的自我意识能力、思维能力和自觉能动精神。没有敏捷的自我意识,人不能随着环境变化感觉到自己要发展。没有敏锐的思维能力,人在变化的环境中找不到发展空间,并且不知道怎样发展。没有自觉能动精神,人即使知道了要发展和怎样发展,也不会去下功夫。自能发展是在任何时刻、任何程度上,开发和实现个人潜能的过程,而绝非一种终极状态。更进一步说,在自能发展的过程中,人不仅在开发和实现潜能,而且实质上又在加强和培养潜能,开拓永远的自己,发展永远的自己。

人永远处于"未完成"之中。"快乐学习,自能发展"描绘的是一条终身发展的曲线。只不过在人发展的不同阶段和不同条件下,发展具有不同的"色彩"。"快乐学习,自能发展"开辟的是一条终身发展的路子,这条路是孩子们在心灵深处,通过自我实践、自我体验和自我感悟成为具有发展的觉悟和习惯的人。

教育之道,道在心灵。让灵魂不再跪着,这可能是教育的全部意蕴。诚如雅斯贝尔斯所言:"教育是人的灵魂的教育,而非理智知识和认识的堆积。"是啊,心灵的对话、人格的交流,让师生体验到做人的全部尊严,才是真正的教育。

郭纪标
2014 年 4 月 16 日

1 梦想

人靠什么生活,不是面包,不是牛奶,而是梦想和希望。20世纪德国哲学家恩斯特·布洛赫指出:希望是"更美好生活的梦",是照亮未来视域的乐观期待,是美好生活的信仰。人类不能没有希望,教育不能没有梦想……因此,真正的好学校是师生实现生命意义的地方,是师生点燃梦想、实现希望的地方。不能给人梦想和希望的学校绝对不是好学校。

每个孩子都会是一朵向阳花 / 003

给三分自留地,等待春暖花开 / 008

灵动轻盈,轻舞飞扬 / 016

徒手画圆,其实不难 / 026

奏响孩子心中的滴答滴 / 031

教育是需要梦想的,就像人需要精神一样。有梦想就会有发现,有发现就会有欣赏,有欣赏就会有美,有美就会有自由,有自由就会有快乐,有快乐就有了梦想。因此,"只有在梦想中,人才能有真正的自由。"每个孩子都隐藏着一双翅膀,一只是自由的翅膀,另一只是快乐的翅膀。

　　何为自由?自由就是身体与心灵的解放,自由就是心灵的绽放。这种绽放是我们的理智、情感和身体的全面发展和培养。18世纪的教育家卢梭说:"大自然希望儿童在成人之前就要像儿童的样子。如果我们打乱这个秩序,我们就会制造一些早熟的果实,它们既不丰满也不甜美,而且很快就会腐烂。儿童是有他们特有的看法、想法和感情的,如果我们想用我们的看法、想法和感情去代替他们的看法、想法和感情,那简直是最愚蠢的事情。"这正是成长的真谛,儿童在没有被强加任何负担时,心灵的绽放才会发生。作为教师,我们的工作和责任就是促使孩子的理智、情感和身体处于完全和谐的状态,让他们的心灵自然地、毫不费力地、完美地绽放。

　　何为快乐?快乐就是心灵的舒畅,而舒畅与幸福一样,是一种真实的个性化的体验。快乐是人生的目标,更是人生的动力。新的时代应当是快乐的时代,每个快乐的孩子就是一粒快乐的种子,就像天使一样,让快乐之花在世界的每个角落绽放。要让他们懂得教育是为了身心的快乐与未来的幸福,懂得在生活工作中创造、改变,懂得赢得未来。作为新时代的青少年,也应该有"梦"!也应该记住宋代哲学家张载讲过的一句话:"志大则才大,事业大;志久则气久,德行久。"

　　让孩子学会梦想,能用梦想的眼光去捕捉生活所掩盖的美好;让孩子学会梦想,能用梦想的眼光去发现生命之船航行的方向;让孩子学会梦想,能用梦想的眼光拂去功利的色彩。让孩子学会梦想,不是让他们蜷缩在自己的角落望洋兴叹,无病呻吟,而是用广阔的天空、巍峨的高山激发他们昂扬的斗志,让他们在自己的梦想里激荡,激荡出一片更广阔的天空,一座更巍峨的高山。

　　梦想无论怎样模糊,总潜伏在我们心底,使我们的心境永远得不到宁静,直到这些梦想成为事实。梦想正在发生……

每个孩子都会是一朵向阳花

"快乐学习,自能发展"提示:
给孩子一些载体,让他们自己去体验。

给他一些载体,就是整合教育资源形成教育力量,通过"自能"文化培育,体验感悟从而培养学生自我教育和自主管理的能力,培养学生自主选择、自主决策和自主发现问题、自主解决问题的能力,促进学生身心协调发展和人格的不断完善。

一、把"载体"还给学生

在教育场域,"载体"被认为是承载和反映具有一定教化功能的要素或要素体系。载体从功能上分,有激励性载体、启迪性载体、规范性载体和强化性载体;从形式上分,有符号信息载体、活动载体、光电信息载体等。

顾明远教授在《教育大辞典》中把德育过程的本质简练地概括为:"教育者把一定社会的思想准则和道德规范转化为受教育者个体思想品德的过程。"德育过程的主体是学生,没有体验,道德的认知就不可能深刻;没有体验,道德情感就可能漂浮;没有体验,道德行为也许就会虚假。而主体的道德体验正是"把德育过程还给学生"的核心和灵魂。如果不能关照学生的主体道德体验,德育过程将无法真正实现。道德体验将实现自我教育与社会教育的统一。传统的德育是一种存在形态与价值形态相分离的道德教育样式,教育者更多的是将社会道德规范灌输给学生,强迫学生接受,并按照教师和社会的要求去行动,往往不考虑学生的感受。

随着教育的改革,我校德育工作确立了"把德育还给学生"的理念,倡导培育学生的主体性意识,关照学生做人的权利,关注学生的自由意识。这也是一种教育管理方式的变革,学校德育从过去管得多、运动式的德育回归到学生的生活世界,回归到关注学生生命成长和精神发展中去,使得学生体验成为德育过程的核心,不再依赖过分的说教和灌输,让德育回归平淡。同时有利于建立和谐的师生关系,促使师生关系朝向民众、平等、合作的方向发展。学生的自能发展需要载体,通过活动载体体验内化为自身行为的特质。

二、让"载体"拨动孩子的心弦

"体验"是激发学生的探究兴趣,充分发挥学生的主体作用,促进每一名学生在情感、态度与价值观方面得到全面发展的重要途径和方法。体验是内在的,是个人在形体、情绪、知识上参与所得。人的需要具有多样性,不仅体现在不同的人有不同的主导需要,也体现在同一个人的需要也不是单一的,而是随着时间、环境的变化发生改变,体验需要多种实践载体实现。那么,学校可以给学生提供哪些体验的载体呢?

1. 创设激励载体,促进每一个学生走向激励奋进

关注评价激励机制的创新和运作,开展"励志伴我成长"等活动学会自我评价、自我教育、自我激励、自我管理,努力把教育过程还给学生,让学生在过程中获得体验,呈现学生自主化成长。从简单教育走向学生自主发展,设立"星级班级"、"星级小组"、"星级个人",在评比中培养学生评价自己和他人的能力,使学生在实践、反思、评价和树立新的目标的过程中发挥个性。设立班干部轮换机制,荣誉升旗手、领操员民主推荐机制,学校每学年评选优秀团队干部、科技之星、艺术之星、体育之星、学习之星、劳动之星、进步之星、行为规范之星,及"十佳"少年。学校还建立班级文化活动评比,形成评选免检班级、星级班级、校先进班集体、区先进班集体等可持续发展的评价机制。不断完善"评价反馈"的内容和方式,不

断优化"激励完善"的制度与措施,通过建立机制走向激励奋进。

2. 丰富活动载体,吸引每一个学生乐于主动参与

丰富活动载体,通过校园文化节("读书节"、"艺术节"、"科技节"、"体育节")、班级值周活动、社会实践活动等文化活动的开展,在活动中增设学生自主管理岗位,赋予岗位职责,让学生自主策划、自主管理,给学生展示才能和在活动中体验的机会,让学生感悟成长之美。温馨教室旨在创建班级岗位的设置与轮换,以增强学生承受变化、挫折的能力及自信心,培养学生的自我意识,面对多种岗位作出独立选择的能力。在"星级班级"、"星级小组"评比中培养学生评价自己和他人的能力,使学生在实践、反思、评价和树立新的目标的过程中发挥个性。鼓励学生自主参与班级主题教育、学校"艺术节"等活动的策划,在活动中培养学生的独立性、凝聚力和创新能力,提高学生校园生活幸福感。

除上述活动外,学校还创意开展自制雷锋头像宣传环保袋、自制控烟宣传单等活动,宣传绿色环保思想,推行节能减排理念。学校还通过走进社区的"绿箱子"行动、"学雷锋"控烟劝诫宣传等社区实践活动,培养学生的公民责任感和公民意识,这些活动都吸引着学生积极主动参与。

3. 善用文化载体,让民族精神在每一个孩子心中传承

结合建党、国庆等重大纪念日、传统节日,开展在国旗下讲话等各项仪式教育。通过"入学教育"、"换巾"仪式、"十四岁生日"仪式、毕业典礼、入团等仪式,让学生感受成长、学着承担责任。学校结合奥运会、世博会等重大社会活动以及汶川地震等重大事件作为教育契机,通过国旗下讲话、班会、征文等形式开展特色鲜明、感染力强的主题教育活动。如在改革开放三十周年,学校开展"昨天、今天、明天"主题活动,让学生亲身感悟祖国的变化与强盛,激发学生爱国热情。

4. 研发课程载体,让课程滋润每一个孩子的心灵

苏联教育家苏霍姆林斯基说过:"在每个孩子心中最隐秘的一角,都有一根独特的琴弦,拨动它就会发出特有的音响。"青少年的"音调"不是固定不变的,随着知识日益增长,他们的能力不断提高,思想兴趣性格爱好也在不断变化之中,对人生、对社会的认识出现了飞跃,每个生命体在内心深处发出了成长需要的呼声。让课程指向心灵,让每个孩子的心灵自由自在地飞翔,让美好的道德情操在每个孩子的心灵深处扎根。

学校"雅行"课程,让要求、基本的礼仪规范以体验式的学习方式得到学生内心的认同,并作为学生校园生活的最基本准则。

"文化探访"课程通过"探寻家乡文化",学会合作、学会交流、学会娱乐、学会探究、学会发展。让每一个孩子在课程中享受快乐学习的过程,学会自能发展的本领。

三、在孩子的心里种下"载体"的幼苗

5年来,我校所有班级的奋斗目标、班级公约、班歌班徽的形成都要走学生小组讨论酝酿、全班交流到正式确定这一流程,这样一种流程确保了班级规章制度能以体验参与式的方式进入学生的内心,并化为行动。如:2010年我校"五星"班级评比细则的形成可谓轰轰烈烈,做到"三放三收",全校学生一起参与制定,各班学生认真讨论他们认为的"五星班级"标准并上交讨论稿,由值周班级学生整理需要在全校讨论的各个细节,如文明礼仪。稿件最终在升旗仪式上和全校师生进行交流。根据讨论稿整理出评选遵规守纪星、文明礼仪星、勤奋学习星、卫生保健星、特色活动星的基本标准。其中一个"星"的整理就需要几个值周班级的努力,汇总初稿还会下发班级征求意见。一学期结束,德育领导小组进行初评,结果发现操作部分评比细则还不清晰,又一次把评价操作细则意见放到班级去讨论。学生的高频参与带来的不仅仅是制度上的完善,更是学生的自能发展,这是一种自能文化的体现。我们需要的不是简单的结果而是过程,相信这种学生参与学校规章制度制订的方式,这种重心下移使制度得到内化、得到学生认同的方式会让学生能力获得长足发展。

为让不同层次的学生都能享受到成功的喜悦和成长的快乐,在学校"自能"文化影响下,学校提倡每位师生不比别人比自己,不比昨天比今天,不比基础比发展。实践中,学校不断强化教学常规管理,推进分层教学和分层作业,落实减负增效措施,并不断拓展学生社团俱乐部活动,培养学生兴趣特长。坚持设立"进步最快奖",对取得阶段进步的学生大力表彰,使更多的学生获得了发展的信心和勇气,增强了学生自能生命发展的主动性。

例如,当教师发现学生做广播操懈怠时没有选择训斥,而是选择反思。学校创新了广播操领操员机制,用榜样的力量去引导。现在,各班轮到值周时,我校学生和班主任都很兴奋,要全班民主推荐荣誉升旗手、领操员,做到轮换。每周一,政教主任对荣誉升旗手和领操员颁发荣誉证书,学生很在乎这个荣誉。有个叫姚磊的同学是个腼腆、内向的男孩,当被同学推荐做领操员时,他很紧张,最后考虑了一晚终于鼓起勇气挑战自己。当我把这个过程告诉全校时,同学们响起了热烈的掌声,为他在这个过程中的成长感到高兴。广播操领操员激励机制改变了学校教育模式,是促进学生奋进的典型案例。

我们衷心希望通过给予载体,增加学生道德经验的积累,引发学生道德意识的共鸣,引领学生道德情感的升华,内化规范意识,促进学生道德行为的规范。这种无痕化教育的实现,就需要学校精心设计,为每一个孩子提供满足其成长需求的教育载体。我们不再把教育当作知识传递的过程,而是把教育看作生命与生命交往和沟通的过程。

(撰稿者:唐文英)

给三分自留地,等待春暖花开

"快乐学习,自能发展"提示:

给孩子三分自留地,让他们享受自助耕耘的快乐。

给学生三分自留地,就是在学习过程中要留给学生一定的时间与空间,启发学生通过自己的思考,在自主互助地获取知识的过程中,使知识的获取过程从"拿来主义"变为自主思考、合作探究、创造性地劳作,从而体验到收获的成就感。自助式耕耘是在新课程、新理念下对传统教学方式发出的挑战。

一、给三分自留地,等待春暖花开

自留地从字面上说是自己的地。网络上有"自留地"平台,可以让你自主轻松搞定繁杂的事情,更可让你在这平台上交到很多圈内朋友,分享心得。生活中也有自助式餐饮,每个人可以根据自己的喜好挑选符合自己口味的食物。教学过程中的自留地,就是给学生一个自由学习的空间,在目标的指引下,可以从自身能力、自身需求出发,通过多种方式最终达到目标并且分享收获过程的平台。在这个平台上,需要老师的引导,更需要老师放手、放心,充分相信我们每个学生的潜能是可以挖掘的。

传统的课堂教学由于受到应试教育的影响,教师讲得多,学生对教学过程的参与程度较低,学生始终处于被动接受的地位,学生的主体地位被忽略,学习的积极性和主动性被忽视,教师在教学中更忽视指导学生提出问题的教学环节,忽视引导学生自己去发现知识、探索知识,学生学得很苦很累,教师也教得很苦很累,最终还未能学以致用,经常出现高分低能、哑巴英语的窘迫状况。二期课改的重要理念之一是强调以学生的主动发展为本,使学生实践能力和创新精神得到进一步的发展。二期课改的内涵是要让课堂真正成为培养学生实践能力和创新精神的乐园,要让学生真正成为学习的主人,变被动接受性学习为主动学习、自主学习、合作学习、研究性学习。在民主平等的富有人文气息的课堂氛围中,为学生提供自主学习的时间和空间,激活学生的思维,促进学生的自主意识,增强学习积极性。课堂教学中要从单纯的语法讲解和单词的死记硬背中解脱出来,在教师的引导下,通过观察、发现和归纳等方式,掌握语言的规律,形成有效的学习策略;通过感知、体验、实践、参与和合作等方式,实现任务的目标,感受成功。给予学生三分自留地,即给予了他们自我思考、观察、发现、实践与体验的过程,这个过程的获得为推动学生的终身学习与发展起到了不可替代的作用。

二、孩子在三分自留地上快乐耕耘

学校针对学生学习英语的现状进行过一项问卷调查:有25%的学生表示喜欢英语,但是有75%的学生表示兴趣一般或者不感兴趣。大多数学生对英语学习习惯的形成缺少积极性、自觉性,很少有自觉预习、复习的习惯,更没有用英语进行练笔作为复习巩固的习惯。学生在巩固所学知识时,不愿主动请求帮助,导致问题遗留,形成了英语学习的障碍。当问到应当怎样学习和巩固所学的知识时,很多学生都选择了要进行听、读、说的训练,但却不知道具体的训练方法。当问到学生希望老师以何种方式进行教授时,91%的同学选择了形式多样化的听、说、表演等方式。从调查的数据可以看出,学生的学习兴趣和学习习惯需要培养,但是学习方法的掌握则需要老师的指导。

1. 调查问卷明确方向

首先是面对不同层次的学生,进行不同层面的问卷调查。调查内容主要围绕:学生心

目中的英语课是怎样的？喜欢什么样的英语教法？想从英语课堂中学到什么？想从学习英语的过程中学到什么？你认为以往的教学方法中哪些较好,哪些不能适应？希望老师采用哪些方法进行课堂教学？这一系列围绕英语课堂教学方法的问题,通过问卷调查,老师们及时也较为全面地了解了学生心目中所期待的教学应该是怎样的,使老师后面的实际操作显得更有针对性。

2. 侧重分层逐步渗透

通过对调查问卷的分析,我们针对不同年级的学生,提出进行逐步渗透的自助式学习方法。

预备年级针对入学新生,首先培养他们良好的学习习惯,从"预习"开始改变,打破以往抄抄单词、抄抄课文这类陈旧无效的预习方法,指导学生从音标的读音规则入手,自主预习新课单词,并逐步发展为用已学单词对新课的单词进行音、形、义及相关词性转变的预习,形成以复习带预习的词汇预习法。对课文不是单纯的抄写,而是引导学生进行听、读的语音语调训练,让他们在优美的语音语调中感受纯正英语的柔美。教师趁势通过朗读,启发学生思考新课中的主要内容,重点语法及相关语言点,引导他们提出疑难问题,有效提高他们课堂听课的专注度,激发思维的活跃性。

初一学生侧重进行"导入与归纳",教师通过创设新授课内容的情境,通过歌曲或谜语等形式,启发学生思考并进入本课的新授内容,针对预习过程中无法解答的疑难之处,让学生进行小组与小组间的互助式分析、解析。通过这种导入新授的方式,使学生在动态的思维过程中,在不知不觉的自助问答中学习并掌握新授内容。在归纳新授内容时同样采用指导学生进行先自行归纳,后小组互助的方式,使学生的学习状态始终处于主动、积极的思维状态。

初二、初三学生则侧重"以巩固带实践",把课堂教学与实际生活相结合,进行英语言语的巩固与实践。从生活的实际情况出发,创设生活情境,课堂中加强言语实践,促使学习外语与思维实践建立联系,以便更快地培养学生的外语熟练技巧和外语思维能力,开拓思维的多面性。

3. 改变教法激活课堂

由于数十年来沿袭陈旧的英语教学法，要想在短时期内改变教师传统的教学方式，要想让学生接受这样的教学方式是有相当大的挑战的。如何将新的教学理念有效地在英语课堂教学中呈现呢？面对基础相对比较薄弱的学生，面对家长及社会对老师与学校不断提高的要求，我反复思考。结合学生实际，交流体会，尝试着改变以往为片面追求升学率而导致的"英语聋哑症"，尝试着使课堂真正地"活"起来。备课时我注意到教学内容与方法的选择要符合学生知识结构和认知规律，适合他们的身心发展，使他们能够接受，但又要有一定的挑战性，能促进学生学习能力的发展。

叶圣陶先生曾说："教师之为教，不在全盘授予，而在相机诱导。"教学过程中，充分利用课外的英语教学资源，包括音像、电视、书刊杂志、网络信息等，关注和利用学校现有的其他课程资源，主动把握和利用各种机会，注意调动学生的学习主动性，启发引导学生独立思考、积极探索，不断提高学生分析问题和解决问题能力的同时，引导学生用自己的体验、观察、思考、证据，做出对自我目标达成的评价。引导学生欣赏英语语言表达的方式，对于文本不仅要读懂，更要领悟：领悟词语搭配的奇特，领悟句子结构的高明，领悟英语韵律的美妙，领悟作品内涵的深刻。在自助式交流中，充分调动和发挥学生的个性差异，充分享受英语交流的无穷乐趣。

4. 整体分析有机建构

上海市中小学英语课程标准中指出：课程结构要强调基础性与整体性，课程设置要重视连贯性，要整体协调，加强连接。教学过程亦应如此，一定要自觉剔除陈旧落后的只是点状的教学思维习惯，改进自己的教学设计和教学程序，做到教学目标的整体性、教材处理的整体性和教学程序的整体性。教学中，我坚持注重引导学生学习知识的整体性，引导学生将知识进行有机建构，这有利于学生认知知识结构的完整性，有利于学习和探究的有效性，更有利于发展学生的思维和表达的连续性。

5. 多元评价助推发展

传统的对学生学习的评价就是一份试卷，学生的考试成绩决定了学生的学习状况，分数成了学生的命根子,这种单一的评价方式限制了学生能力的发展,学生成了学习的机器。一旦学生成绩不理想,他们便会感到焦虑、自卑和自责。然而在自助式学习过程中,多元评价则促进了学生的持续发展。

教学中,教师的一个眼神,一张笑脸,一句鼓励性的话语,日常作业的规范评价等无疑都可以成为对学生出色表现的评价方式。我还通过课堂观察、活动记录、日常探究等形式多渠道收集、综合和分析学生日常学习的信息,了解学生的知识、能力、兴趣和需求,着眼于学生潜力的发展,对学生进行持续评价。这种多元的评价方式是在比较宽松的、友好的环境中进行,通过学生之间自评、互评的方式,找差距,不断反思,为每一位学生提供一个自我完善和提高的机会。

三、三分自留地上硕果累累

1. 设置知识悬念,创设情景培养能力

牛津教材七年级第一学期"Windy weather"。根据教材安排:教师先问:"What can you see when there is a gentle breeze?"学生答:"We can see people flying kites in the countryside."以类似的方式引出另两组对话后互相问答;然后学习新单词,读一则故事,根据情节进行排序;接着让学生看图填空,互相对话后进行表演;最后老师提问:"What may happen when there is a typhoon?"学生则根据图片与文字进行回答与配对等巩固练习。

如果按照以上课文的顺序进行点状式地语言点及句型的分析与学习,由于内容与问题的类似及练习机械化,学生容易产生枯燥厌烦心理,知识点不容易得到认同,更不用说活学活用了。于是,我在导入课文时播放了一段台风来临时的声像资料,这段资料正好使学生在暑期中所遭遇台风的真实场面得到再现,学生的第一反应是:Typhoon is coming. Glasses are broken. 学生的描述脱口而出,虽然语句是零零碎碎的,语意表达也模糊,但他们的思维是灵活的,表达欲望是强烈的。于是我趁势把他们想讲又不会讲的新词引了出来,通过猜测与记忆,马上从死记变成活用。在学生对句子表达存在困难时,我又趁势引出本课的重点句型,困难迎刃而解。由于有夏季遭遇台风的亲身经历,随后讲解如何加强防范与抵御台风的措施时学生就谈得非常切合实际。情境中完整地呈现了本课的语言点及

1 梦想
给三分自留地,等待春暖花开

重点句型,学生轻松愉快地运用已学语言知识并联系实际生活,进行了很好的自由发挥,教学目标得以轻松实现。

2. 开展游戏活动,培养兴趣提高能力

牛津教材八年级第一学期"Numbers:Everyone's language"一课,教学内容对于学生而言有些枯燥,难以理解更无法灵活运用。于是在教学过程中我设计了由学生从谈自己喜爱的数字开始,猜测老师喜欢的数字,紧接着寻找我们身边的数字,引出本课的重点内容——指令与陈述。对数字加、减、乘、除的句型学习与操练后,由24点的游戏入手进行对句型的巩固练习。在教学过程中我把学生的好奇心与学生的兴奋点作为本课时教学的切入口,了解学生的"已知",激起学生的"欲知",再根据学生的需求进行教材的重组,在教与学的活动中寓教于乐、寓学于乐、寓练于乐。整个过程中学生始终处于主体地位,思维始终处于积极的、兴奋的状态之中,轻松自助式的过程很是享受。

3. 整合信息技术,激发内因生成资源

恰当的信息技术的整合运用可以使教学变得生动、形象、活泼,化抽象为形象,化枯燥为有趣,感染力强,容易激发学生的好奇心、求知欲、帮助学生进行自助学习,是一种有效激发学生内因的手段。因此我们要充分利用信息技术,将教学内容有效整合制成教学课件,让教科书"活"起来、动起来、形象起来、发出声来,让"活"的教科书震撼学生的心灵、开发学生的智力,让学生在感知、理解、模仿、运用中学习。信息技术的有效整合可以直接激发学生的学习兴趣,为学生潜能的充分开发创造出一种宽松的环境。

牛津教材八年级第一学期的第一篇文章是关于恐龙的。对于恐龙,学生并不陌生。于是,教师在预设的提问引出学生对恐龙的兴趣后,在没有播放课文内容录音的情况下,利用多媒体播放了一段与课文内容相匹配的带有背景音乐的录像片,吸引学生们的注意力,引起学生的有意注意,学生的思维异常地活跃,他们的回答完全超出了我预先估计的内容。同时我配以恰当的体态语(body-language):手势、动作、表情等,学生习得语言的欲望更加强烈。如:课上当学生答对问题时,我竖起大拇指连声说:"Good,Very good!"当学生答得不对时,我用宽容的目光告诉他没关系,并问:"Who can help him?"在不挫伤该同学自尊心

的同时又调动了其他同学的积极性,培养了学生间的互助精神。

　　生动直观的教学形式,激发学生思维的同时,可以生成很多有效资源。还是以上关于恐龙的教学中,当初教案的预设是让学生先看录像,再让学生讲述他们对于恐龙的了解。同时估计到学生可能讲不出来,所以预设了两两讨论的活动。但是,出乎意料的是,学生在看完录像后,就显示出了强烈的表达欲望,纷纷举手回答。如果这时仍按部就班,先进行小组讨论,再回答问题,就容易打消学生的积极性。于是,我立即改变预设的教案,就势让学生表述,使他们的激情得以迸发。当教学进行到后半部分,要求学生针对课文内容提问时,学生开始显得有些茫然。我马上安排学生进行四人小组的互助式学习,有组长、记录员等角色的分配,经过几分钟的互相协作,提出的问题着实体现了学生的集体智慧,基本包含了本课重点内容。当下课铃声响起,教案中预设的"互相提问"这一环节还未完成时,我灵活地改变了最初的安排,让学生在课后进行组与组的交流,并评选出最佳问题,作为下一课时的开头。课堂中的灵活调整,不仅丝毫没有影响到教学效果,而且课堂中的讨论、合作探究的学习方式激发了学生学习的主动性,使学生们体会到了课堂上化"竞争"为"合作",体会到为解决一个共同的问题,同学间相互支持,相互帮助时获得的快乐与成就感。

4. 重组教学内容,过程变通有效延伸

　　牛津教材教学内容虽丰富但难免杂乱,对学生而言,学习与理解上存在着一定困难。面对这一现象,需要重组教材内容,开展形式多样的活动,形成节奏快、高密度、多信息的英语互动课堂。

　　八年级第二学期后两个单元的内容分别是介绍污染及报刊阅读方法,这两单元相结合的综合课上,我以第6单元"污染"为主题,结合第7单元读报的形式展开了听、说、读的学习。

　　由于学生经常读报,对如何读报并不陌生,我将两个单元的内容进行了整合,因为这份小报上正好有几篇关于污染的文章。于是,以一首"拯救地球"的歌曲作为导入,让学生针对地球污染现状用已学过的语言进行了表述,随后提出污染物与污染源等相关问题。当学生无法凭借所学知识表述清楚时,我趁势让学生拿出英文报,以读报的形式展开了阅读的拓展练习。我提问了3个关于目前世界上水污染危害的问题:1. How many water-polluting chemicals do we use each year? 2. What does water carry to the rivers and lakes when it rains? 3. How many people get sick because of water pollution? 随后由学生自己寻求解答，并让学生针对"notes"的内容寻找相关的句型来说明"notes"的准确性，从而引出"如何制止水污染"的话题，以小组讨论的形式展开，让学生寻找身边的污染现象，以保护与治理为主要目标，思考对策，展开四人小组的讨论。这一次讨论比前一次来得更为活跃，最后的综合治理措施得到了所有学生的赞同。通过这样的整合，促使学生将课堂学到的知识与生活中的问题紧密相连，教学内容得以有效延伸。

牛津教材七年级中有一篇关于圣诞节的文章，其中有一段是介绍圣诞节的庆祝方式。如果把课文当阅读文章来学，课堂就会显得沉闷。于是，我设计了一堂别开生面的圣诞party，利用多媒体制作了圣诞树，挂上串串小灯，准备了很多的圣诞礼物挂在圣诞树上，以圣诞颂歌作为背景音乐，在欢快的气氛中逐步进入课文内容，枯燥的阅读变成了生动的party。学生们在入景动情的情境中充分体验了学习过程的乐趣，教师给学生提供的才能展示机会，有效地活跃了课堂气氛并提高了学生用英语进行思维的能力，既解决了教学难点，又在和谐与浓厚的学习氛围中使知识与技能得到发展，充分展现了动态教学的魅力。

俗话说："自己是自己最大的敌人。"只有战胜自己，才能获得胜利。学生对自己要充满自信，教师对学生也要充满信任。在课堂教学中，只要我们给予他们足够的时间与空间，针对不同的学生给予不同的方法和耐心细致的引导，让他们通过自助式的学习过程获得成就感，那么他们对学习就会充满信心，这更有助于他们形成对生活的积极态度及提高解决问题的能力。

初中时期是学生学习习惯与方法的养成期，是学生行为与思维形成的转折关键期。作为我们普通初级中学的教师，面对着基础相对薄弱的学生，又面对着家长及社会对学校教师的要求，我们可以尝试在课堂中给出学生"三分自留地"的方式，通过不断探索，不断使课堂真正"活"起来，从而调动和发挥学生的主体性。在这种教学过程中，学生是具有主观能动性的人，学生变"被动接受"为"主动探索"，在教师的引导下，学着自己去发现问题、解决问题。通过这种自助式耕耘充分挖掘教师与学生思维的内在潜力，使课堂教学形式从简单到复杂、从低级到高级发展，有效地克服学生学习中的"高原反应现象"，有效地促使知识向能力迁移。让我们的学生通过自助式耕耘，收获耕耘的成功。

（撰稿者：潘菊青）

灵动轻盈，轻舞飞扬

"快乐学习，自能发展"提示：
给学生一个舞台，让他们轻舞飞扬。

著名教育家陶行知曾说："千学万学学做真人，千教万教教人学真。"教育的根本使命就是培养人，而今新一轮课程改革把"以学生发展为本"作为核心理念。本文所探讨的"给舞台"的教育教学模式，就是一种强调尊重学生主体地位和主体人格，以培养和发展学生主体性为主要目标的新型教学。而具有丰富人文内涵的语文学科正是这一新型教学模式的绝佳载体，让语文学科成为学生参与、合作、创新、展示的舞台。

一、让学生站在舞台中心

"给舞台"实际上就是充分相信学生，以学生为主体开展各项学习活动。即"通过和事物对话、和他人对话、和自身对话的活动过程，创造一种活动性的、合作性的、反思性的学习。这种学习是创造以相互倾听为基础的教室里的交流，是那些力图实现创造性的、合作性学习的教师间的相互学习，也是让家长参与学校改革，使相互合作得以具体化的联系载体。"它的根本目的是通过多样化的形式，选择丰富的活动内容，广泛开展多种形式的主体参与式活动，使学生这一主体在参与的过程中体验，从而促进受教育者人性境界提升、理想人格塑造以及个人与社会价值的实现,提高初中学生的文化素质和文化品格,使他们具有文明、开放、民主、科学、进步的民族精神。

二、搭建多种形式的舞台,让学生轻舞飞扬

1. 给学生小组合作学习的舞台

"二期课改"理念提出:"教师要通过学习团队的组织,指导学生开展合作学习,引导学生逐步形成共同的学习理想与目标,积极的互赖与信任,良好的合作动机与个人责任。"因此,我在日常语文教学中,关注学生的发展,并借助合作型学习方式作为开发学生潜能的支持环境,使本来有差异的学生在平等互动、多向交流中获得资源的优势互补,以解决学习的重点难点,从而培养学生团队合作、积极健康的个性品质。

我校"八步作文"课题组在实施作文教学时,就很好地运用了小组合作学习的教学模式。"交流"、"互评"、"自改"是八步作文的三个重要环节。这几个环节是学生互相比较、评议、交流,达到互相启发、提高、完善的过程,也是学生充分展示自己的才智,自主学习的过程,更体现了一种合作、竞争的新型学习方式的特点。

2. 给学生主持课堂教学的舞台

当代的学生,主体意识日益觉醒和加强,他们已不仅仅满足于坐在台下聆听教诲,他们渴望参与学习,甚至希望和老师一起设计教案,研究教学方法,和老师一样成为课堂的主人。在教学中我尝试了让学生来主持教学的方式。

在"文言文阅读课"中,我改变了以往的教法,让四位学生共同上讲台组织大家学习。这样,无论是担任上课任务的小老师,还是其他坐在下面的学生,都十分兴奋和投入以前所未有的激情参与学习。大家积极开动脑筋,争先恐后发言,课堂效果出人意料的成功。学生既学习到了文言文的知识,又体验到了学习的自信和成功。

3. 给学生语文综合活动课的舞台

在语文学科中增设"语文综合性学习",是语文教学二期课改的一个突出亮点。以六年

级第一学期为例,教材预设了"综合学习活动"共九次。在活动开展前,我首先根据学生感兴趣的程度及本单元学习内容延伸的要求,进行一些富有个性的调整和修改,使活动内容更加贴近学生,更有利于激发学生的兴趣。其次学生根据自己的意愿自由组成合作团队,小组集体讨论选择活动形式并选出队长。第三,由队长负责,策划、督促团队在1至2周内做好活动的准备和排练。

几年来学生开展的语文"综合学习活动"内容有:现代诗歌朗诵会、唐诗宋词吟诵会、小小故事会、男女辩论赛、综合视频展示、读书小报展示、课本剧小品表演等等。这些活动既受到了学生的热烈欢迎,也使学生受到了生动的革命传统教育、人文传统教育,也让他们充分发扬平等合作、勤奋自强的精神,丰富了自己的精神世界。这些在他们的作文中可见一斑:

"这次语文综合活动课,不仅让我感受到了学习的快乐,而且还使我增长了一些语文知识,更锻炼了参赛者的勇气。这真是两全其美呀!"

4. 给学生课外实践活动的舞台

在学习了六年级"风俗世情"单元后,我布置学生开展"走进我的家乡"的社会实践活动。正巧学校身处的七宝镇是一个历史悠久、人杰地灵的文化古镇,被称为"大都市里的明清街"。我对七宝古镇社区文化资源分为以下几类,让学生自由选择调查了解:1."家乡传说"类,2."人物追踪"类,3."特产推荐"类,4."乡村技艺"类,5."奇风异俗"类。学生对此次活动兴趣浓厚,积极响应,利用双休日走上老街实地考察,走访居民了解风俗人情等。在随后的实践报告中可以看出同学们的收获很大很多。例如:

"家乡传说"类:通过列举七宝古镇的有关民间传说,如"七件宝的传说"和"徐寿夫妇造桥记"等故事,讲述七宝古镇的历史变化和当代发展,唤起学生们的自豪感,激起学生探访家乡的浓厚兴趣。"人物追踪"类:通过搜集和讲解"徐寿五代尽隽才"、"吕克孝与解元厅"、"名扬欧洲的雕塑家张充仁"等七宝名人的故事,通过对有关人士或人文景点的走访,探访家乡的名人踪影,激发学生探访家乡杰出人物的兴趣,学习他们身上的优良品质。

课外实践活动不仅是语文学习的延伸,更让学生走上社会,了解家乡的过去、现在,切实感受到其中丰厚的文化底蕴,从而更多了一份对家乡的神圣感、责任心。

5. 给学生语文作业的舞台

(1) 拓展型作业

在语文作业形式中,有几种拓展型的作业现在备受学生青睐,如:写读后感、续写结尾、仿写扩写、评论赏析等。这些作业既能提高学生的语言表达能力、巩固有关语文知识,也能够提升学生的思维能力和思想意识,有助于学生树立正确的人生观和价值观,可谓一举多得。

例如:写读后感。有些课文很有教育意义,像《生命的意义》《藏羚羊跪拜》《焦裕禄》等文章,学生通过写读后感,不但巩固了所学的课文内容,锻炼了写作能力,还在思想认识上得到了提升。

又如:评论赏析。对于像《百合花开》《故乡在远方》《变色龙》等艺术性、思想性兼具的美文,则布置学生从作品的表现技巧、语言风格、思想意义等方面进行评论欣赏。这样既能避免平时教学中对文本过细的分析,又能营造一种自由宽松的氛围,学生在对作品内容和语言的整体感知基础上深入作品的特定情境中,与作品中的人物同呼吸、共命运,体验作者的爱憎情感,从而领悟各种描写手法和多种修辞手法的艺术效果,并不断提高欣赏阅读的品位和写作的水平,提高学生的艺术审美能力。

(2) 实践类作业

语文作业除了书写类、阅读类以外,我还根据实际情况,布置一些实践类的作业,不但培养学生的动手能力,更主要是"提高学生的品德修养和审美情趣,使他们逐步形成良好的个性和健全的人格,促进德、智、体、美的和谐发展"。

例如:"三八"节到了,布置学生回家给妈妈捶捶背、揉揉肩,再来一个温馨的拥抱;父母生日了,布置学生买一朵花,或者自制一张贺卡作为礼物;读完某一课,要求学生给父母写一封信诉说自己的心事等等。这些灵活有趣的作业,学生都会充满激情地去完成好,而且收获的感触特别深。有的家长还写了回信,表达了对学生成长、懂事的欣慰,对老师布置这项作业的赞许。通过做这些作业,学生更体会到了亲情的可贵,懂得了做人的道理。

三、为我们的学生喝彩

案例 1 把学生的需求放在首位

(1) 回想刚才上课的情景,心里甜甜的。细细品味站在讲台上的感觉,有点紧张,有点不安……甚至还有点小小的满足感呢!

(2) 时间飞快地从我们身边掠过,原来一直守着手表的人也放弃了看手表,可见这节课的魅力有多大。

(3) 我希望以后还能上更多这样的课,让更多的同学一起参与,一起主动学习。这样我们一定不会觉得学习枯燥无味。

以上是学生习作"一堂别开生面的课"中的几个片断。学生作文中的这一堂课是指我上的一堂公开课——文言文阅读课。文言文的阅读是初一学生的一个薄弱环节。尤其是课外文言文,许多学生更是无从把握。这堂课,我力图通过四篇课外文言文的学习,指导学生掌握阅读文言文的基本方法,以达到事半功倍的效果。上课时,我改变了以往我在台上讲的教法,而让四位学生共同上讲台组织大家学习。主要做法是:(1)明确目标。我先提出本课的学习任务是阅读课外文言文,然后说明学习的方法并予以板书:A 疏通文句,B 理解字词,C 谈谈感受。(2)学生自主学习。我先请各组同学推选一位学生当小老师,并让他们在我事先写好的学习篇目中抽签来决定本组的学习任务。接着,各位小老师依次上讲台,取代老师,按照黑板上所写的学习方法,组织本组学生学习。当时,无论是担任上课任务的小老师,还是其他坐在下面的学生,都十分兴奋和投入,以前所未有的激情参与学习。大家积极开动脑筋,争先恐后发言,每个人都在为本组的荣誉而尽全力。课堂效果出人意料的成功,从课后的反馈也证明了这一点。

这堂课受欢迎的原因何在?也许对于每个教师来说,自己的课能受到学生的认同、欢迎,那是梦寐以求的境界。那么,如何才能做到呢?答案很简单:满足学生的需求。有关研究表明,教育的对象——学生有他们自己特殊的需要和态度。在课堂上,他们希望得到:

- 有意义、富有挑战性的学习任务。
- 对自己的理解能力、学习能力的自信。
- 积极地投入和参与,而非无精打采听讲。
- 学习过程的乐趣。
- 自己的努力和成功得到公认。
- 灵活多样的学习方式。

以上仅仅列举了学生需求的几个方面,而实际上学生的需求远远不止这些,还包括情感、动机等诸多领域的需求。虽然教师不可能一一了解,但还是应该尽量多研究学生,了解学生的需求和心理,探索能满足学生需求的课堂,真正让"学生成为学习的主人"。

从以上学生的习作中,我们可以清楚地看到,学生之所以喜欢这堂课,正是因为这堂课满足了他们对趣味、参与、自信、成功等多方面的需求,使他们体验到了其中的快乐。

当代的学生,主体意识日益觉醒和加强,他们已不仅仅满足于坐在台下聆听教诲,他们渴望参与学习,甚至希望和老师一起设计教案,研究教学方法,和老师一样成为课堂的主人。而我这堂课,不正迎合了学生希望自主学习的主人翁意识吗?

研究表明,如果学生自认为不能胜任学习的话,即使他们实际上能够学好,他们也可能会失败甚至放弃对课业的努力(班杜拉)。事实上,又有哪个学生不渴望拥有自信和成功呢?所以教师必须想办法帮助学生树立成功的信心。我这堂课，不仅给学生一个舞台，还给予学生充分的信任。他们完全以自己的才能完成了学习任务，取得了成功。这难道不是让所有的学生都认识到了自己的潜力，增强了自信，品尝到了成功的喜悦吗？

教师的"教"只是外因，而真正起作用的是内因，即学生的"学"。学生是发展变化的主体，知识的激活和内化，能力的培养和形成，离不开主体的实践。因此，教师在研究课堂时，应该首先考虑的是学生的需求。

案例2　一次难忘的访谈活动

这是一次"在社区飞翔"的区级重点课题的探究活动。经过反复讨论，六个课题小组都确立了自己的子课题。确立课题以后，在进行人员分工、理论培训等一系列准备的基础上，学生们着手开展第一次的访谈活动。

一、访谈前的准备

为了提高访谈的成功率，各小组围绕"这次访谈的目的是什么"、"访谈要提的问题"等进行了热烈的讨论和研究，初步制定了访谈的计划。从各小组设计的问题来看，比较有针对性，如："走进老龄社会"小组设计的问题有：1. 您平时参加社区活动吗？2. 您经常参加哪些社区活动？3. 您是否经常在社区锻炼？4. 您对社区的活动有什么建议？5. 您怎样安排自己一天的时间？

"七宝地区市民交通意识的调查"小组的问题有：1. 你了解交通法规吗？2. 你知道交通法规是什么时候颁布的吗？3. 你们社区有对居民的交通安全教育吗？4. 小区内有车库或自行车停放点吗？5. 小区内有没有对机动车停放的管理？

"社区防盗你我他"小组的问题有：1. 你们小区有哪些防盗措施？2. 小区的居民防盗意识强烈吗？3. 你认为小区的防盗设施完善吗？4. 你们小区发生过盗窃案件吗？5. 你对小区的防盗措施有什么建议？

"社区绿化现状的调查"小组的问题有：1. 你们小区绿化面积占小区多少？

2. 你知道什么时候颁布《环境保护法》的？ 3. 小区的绿化有无专人管理？ 4. 对小区损坏绿化的人和事你们是怎么处理的？ 5. 你对小区的绿化是否满意？

接着，我又给学生一节课时间进行了交流。先由各组组长在全班宣读小组设计的问题，请同学们各抒己见，提出修改意见。然后由各小组同学以表演的形式，模拟访谈经过。大家表演得一本正经，有模有样。通过两种形式的交流讨论，既熟练了访谈的内容，为访谈的成功打下基础，又发现了一些不足，并及时加以修改完善。例如：碰到访谈对象不合作怎么办？回答问题出乎意料怎么办等等。

二、访谈中的经过

"万事俱备，只欠东风"，进行了比较充分的准备后，同学们踏上了到社区的访谈之路。从反馈的结果来看，各小组或多或少都有所收获。这从同学们所写的总结中可见一斑。

王　君：在12月13日的中午，我们小组一行人从校门口出发，迈着坚定的步伐，踏上访谈之旅。来到了目的地——漕河泾社区文化中心，大家兴奋极了，可是走进去才发现不见一个人影。大家都垂头丧气，无精打采。在回去的路上，经过习勤小区时，我们灵机一动，改变了原定计划，到习勤小区作了一次访谈，获得了有关资料。这次访谈，真可谓是"山重水复疑无路，柳暗花明又一村"。

周天驹：经过前一个星期的准备和组员赵兴恺的联系，星期五，我们来到了园艺新村。刚到门口，就得到了居委干部的欢迎，我们真为赵兴恺的联络能力感到佩服。接着，我们便开始了访谈。当我们问到"你们小区有失窃案吗？"时，居委干部显得有些犹豫，但经过一番思想"斗争"之后，他还是告诉了我们实情。我一边听着居委干部的回答，一边奋笔疾书，记下了宝贵的资料。结束了访谈,居委干部热情地把我们送到了车站。总之,这次访谈圆满成功。

鲍俊杰:进入小区的大门,我们满怀信心想要对居民作一些访问。可是也许是星期五的缘故,小区的人寥寥无几。好不容易找到几个人,刚想上前访问,就见他们匆匆地跑开了。几个没跑的人,对我们的提问也总是漫不经心的,这使我们的信心大大减少。好在后面的几个居民比较配合,我们的信心又一点一点增加起来了!接着,我们向下一个目标——小区居委会"进军",可是却被告知:今天居委会临时有事,没人!这一消息使我们从头凉到脚。哎,今天的访谈真是一波三折呀。

三、访谈后的体会

这第一次的访谈,让每个小组的同学都深有体会。其中既有成功的喜悦,又有失败的痛苦。同学们认真总结了经验和教训,期待在下一次的活动中取得更大的收获。下面是同学们所写的体会摘录。

金严萍:在这次活动中,我认为事先详细周密的计划是最重要的,因为有句话叫做"工欲善其事,必先利其器"。无论做什么事都需要一定的准备,打无准备之仗是不会胜利的。其次,还要有一定的交际能力。在这个社会中,不善于交际是很吃亏的,凡事都要交流,且互相交流也要看别人的意愿。最后,我要说:"愿我们小组在下个学期做得更好!"

赵兴恺:我们小组的收获颇多:1. 收集到了很多有关课题的宝贵资料,2. 学会了访谈这一探究方法,3. 锻炼了社会实践能力和人际交往能力,4. 懂得了"团结力量大"的道理。

陈　律:这次的活动,让我真正体会到了这样一个道理:有句话说得好"不经风雨,怎能见彩虹"。遇到任何困难,都不要轻易认输,只

> 要坚持到底,就一定会赢!
>
> 齐佳峰:这次活动是我们这些学生第一次接触这个世界,让我亲眼看到了世间的冷暖。"慈善事业在社区"的确是一个很好的课题。它密切联系到每一个困难家庭,它让我们认识到了人与人之间互相帮助的重要性。我想,"我为人人,人人为我",只要人人献出一点爱,世界就会变成美好的人间!
>
> 王 婷:通过访谈,我更加了解了老人们平时的作息情况、老人们的喜好、老人们的需求。我平时一定要尽量多和老人聊天,为老人做一些力所能及的事,使老人快乐每一天。
>
> 教师体会:给学生一个舞台,就能充分激发、调动学生的热情和积极性,是活动成功的首要条件。
>
> "海阔凭鱼跃,天高任鸟飞",给学生一个舞台,让他们在其间轻舞飞扬,各展其才,那么,许多无法估量的精彩就会绽放。实践证明,通过给学生各种不同的舞台实践,学生们不仅语文素养、综合能力得到提升,而且学习成绩也有了显著提高,师生之间的关系也更为和谐融洽,为后续的学习奠定了坚实的基础。

(撰稿者:赵玲)

徒手画圆，其实不难

"快乐学习，自能发展"提示：

给孩子一些机会，让他们去成长。

苏联教育家苏霍姆林斯基说过："在每个孩子心中最隐秘的一角，都有一根独特的琴弦，拨动它就会发出特有的音调。"当代青少年的"音调"不是固定不变的，随着知识日益增长，能力不断提高，思想兴趣性格爱好都处于不断变化之中，对人生对社会的认识出现了飞跃，每个生命体在内心深处发出了成长需要的呼声。作为教师该如何让学生的心灵自由自在地飞翔，如何使美好的道德情操在青少年身上得到内化？

这是极其特殊的班级，接班前已是"久仰大名"。据说，在40分钟的一节课上，全班会从每个角落此起彼伏地冒出各种怪声，班级里会不时飘散着从空笔管里吹出的橡皮屑，三分之二的学生没有听课效率，每天作业不完成的学生不觉得丢脸，反以为荣，家长的配合也只是口头一说而已。班级的散乱几乎已经让所有任课老师摇头。

"没有规矩不能成方圆。"其实学生心里根本就没有一杆秤，眼里没有班规，班规形同虚设，学生当然就"无法无天"了。怎样让班规起到应有的约束力和自我管理的作用呢？

一、徒手画圆,何其之难

"给机会"在德育过程中主要表现为:给学生自主选择的机会,给学生平等的地位,允许学生犯错。总之,在育人的过程中尽可能地给学生一个宽松、自由的氛围,让他们有机会选择,有平台可以表现,有时间可以改正,能充分地表达自己的想法,在学习生活中越来越多地对自己有足够的信心和兴趣。

每个学生都是一个独特的生命。因此,他们的兴趣爱好、知识经验等都存在不同程度的差异。在教育中,如果一直把学生当下级,对他们只是呵斥、命令,他们只能被动地接受教师指令,那么,这样的学习生活只能让孩子们兴趣大减而不愿学。最终,生活在这样的集体中学生不会深切地感受"家"的意义。倒不如放开手,充分发挥孩子们的主体性,让他们"当家做主人"。

二、机会就像一面多棱镜,照出你我他

1. 把自主决策的机会交给学生

素质教育要求教育者以人为本,尊重、关心、理解和信任每一个学生。作为基础教育工作者在向学生传授知识的同时,更应该为他们的终身发展奠定基础。

在班级建设过程中班规的制定不能由班主任一个人说了算,那样的班规不是为学生制定的,而是为班主任制定的。我开始尝试用班级文化来感染学生,用班级文化促成班规的形成,进而统领班级发展。

班规是在班会课集体讨论完成的。以小组为单位对班规出谋划策,再把每个小组整理的班规进行整合、修改或加以完善。最后由班委干部进行后期整理出35条班规并成文。最终举手表决时,孩子们都很兴奋,毕竟这部班规是在他们自己手中产生的,并一致通过。班规制定后,围绕实施细则,每小组同学进行互补解释,不出几天的工夫,他们便能说出班规的条条框框,并自豪地炫耀这是自己出的好点子。

因为是自主决策,所以"说到做到"就成了大家遵守班规不言自明的规矩。班规的制定就是为了能深入人心,只有明确于心,才能付之于行。这才是真正的班级规则,否则班规成了摆设,学生依然不受约束。

2. 把平等的地位交给学生

素质教育认为,由于人的个体先天素质、后天环境和教育影响的不同,学生的素质结构不可能千篇一律,因此实施素质教育把发展学生个性列为重要培养目标,提倡"让学生主动发展",允许学生在发展程度和素质结构上存在差别,这既是对"人"的尊重,也是知识经济和未来对人才素质的又一特殊要求。

● 师生平等

新课程背景下建立和谐的师生关系是师生共同努力要达到的目标。和谐的师生关系倡导平等地对待每一个学生,他们作为独立的个体,需要同等的尊重。同时在平等的基础上给予学生正确的指导,并严格要求,从而创造一种和谐的民主型师生关系。在这样的师生关系中,教师要搭建一座桥梁,有助于师生沟通,并营造一个和谐快乐的学习环境,最终让学生在轻松愉悦中健康发展。

班规三分在订,七分在用。再好的设计,若是没有执行,也只是纸上蓝图。唯有坚持,才能完美地体现设计的精妙,而执行过程中最重要的在于细节的实施。

但是时间长了,总有一部分学生我行我素,对班规熟视无睹。那如何长久有效地执行全班集体讨论制定出的班规呢?这是班级管理中执行班规的一个瓶颈,突破不了,只能原地踏步,一旦突破,海阔天空。

班规的执行并非在于惩罚,而应是监督提醒,防患于未然。所以为了保证执行的有效性,我组织全班进行班规认领,明确职责。也就是说全班每位同学认领一条班规作为自己本学期的任务。为了更有说服力,我作为班主任首先认领了其中的一条"班主任上课不拖堂,违者跟学生一起打扫卫生"。学生看到班主任都主动认领了班规,于是也跃跃欲试。最后在大多数同学的带动下,终于完成了"一人一班规"职责制度。在这一学期里,我自己始终以身作则,并要求班级干部也学着这样做,以班规为参照或管理或友情提醒。

- 人人平等

我们应对每个学生进行公正的教育,不能顾此失彼。这需要教师在实践管理的过程中,多付出、多了解、多深入,在孩子每次犯错时都能够给予及时的指正。这也考验教育的公正性。另外在班规执行过程中还有一个重要的原则,那就是公平。作为班主任无论是对学生干部、普通学生还是后进生应该一视同仁。

本学期月考前,我班大名鼎鼎的小程同学上课玩手机,被老师发现,依据班规:"带手机到校,没按班规到校关机的,一经发现一律没收,并告知家长。"因为班规在先,小程同学并没有发作。过了一段时间,小程同学主动找到我,告知我纪律委员小凌上课也在玩手机。听说了这件事,我知道小程同学是在考验我,是不是对好学生、班干部有偏袒。于是我马上到班中找到纪律委员,问她有没有这事。纪律委员知道事情无法隐瞒,马上承认错误,主动交出手机。我也马上做出决定,向全班宣布:没收小凌手机。

此后,有学生违反班规,我就会指着班规上的某条提醒他,唯有如此,才能达到"人管不到的地方制度管",等大家接受了,习惯了,即使老师或者班干部不在场,看到或者想到班规,学生都能自觉调整行为,纠正错误。

3. 允许学生犯错

犯错是孩子的天性,更何况我们班本身就属于"多发事故地段"。如何使违规的学生心悦诚服地接受指正并逐步改掉坏毛病,这才是班规的积极作用。我对学生的要求是:错没关系,但是犯错了要改,改了就是好学生。

班主任绝不能把学生当作没有思想,没有情感的被动受管理者,而应该把他们当作有思想、有意志、有情感的主动发展的个体。成功管理的前提是尊重他们的意愿,尊重他们的人格,把他们当作实实在在的"人",而不是驯服物。我谨记,在处理违反纪律学生时始终要求自己以学生为本,从学生身心发展角度出发,进行人性化管理。

"手机事件"的一个月后正逢月考,小凌同学数学考了100分。于是以此为契机我在班级中宣布:作为奖励我把手机还给小凌。知道小程有意见,我也向全班宣布:只要小程同学同样在期末考试中达到老师约定的成绩,也可以申请拿回手机,其他同学可以效仿。现在我班学生已经杜绝了上课玩手机的现象,即使带手机到校也会主动及时关机。

　　再比如,每天中午吃过午餐后,12:05分班级就要午休,这时候纪律委员会坐在讲台边,边自修边维护纪律。如果有学生无故说话,纪律委员便记录下来。学生在某些课上只要被任课老师点名或批评的,一并到放学后处理。或是同伴对他进行批评教育,或是自我反思,或是让他打扫教室,因为犯错后受到惩罚,才会懂得更多。

　　所以,班规应该是教师为了使学生学会自律的教育手段。初中生自我意识和自我约束能力还不是很强,但是改正学生的错误,使他们更好地成长是我们班主任最终的目的。因此,在班级管理中要进行人性化管理,充分调动学生学习的积极性、自觉性、主动性,使学生能够自我管理,不仅遵守纪律,而且各方面的能力都得到提高。现在班级自修课不用我到班级督促,学生基本能在规定的时间内认真自修,实现了自我管理。

　　又一个学期结束。在班规有力执行的这半年里,我越发感受到班规至少有三方面的教育作用:一是导向作用。班规既是班级问题的体现,也应该是学生的奋斗目标。因此,当学生思想抛锚、行为脱轨时,班规能给学生的生活学习指明方向。合理利用好班规,能有效促进良好班风学风的形成,同时,良好的班风学风又能促使学生对班规有深刻的理解,心里会更自觉地朝着班规指引的方向走。二是评价作用。学生在班级里该做什么不该做什么,对照班规一目了然,班规是学生规范行为言语的底线。此外,班规还便于教师评价每一个学生。三是激励作用。班规体现的是一种班级和个人未达到而渴望达到的目标,它基于现实又高于现实。这就客观激励了班级成员良好习惯的养成和个人品质的塑造。

(撰稿者:程爽英)

奏响孩子心中的滴答滴

"快乐学习,自能发展"提示:
给孩子一些机会,让他们在实践中感悟音乐。

给他一些机会!在课堂上,教师要发挥学生主体性,发挥学生在教学中的主体作用,以学生为中心,开展多元化的教学活动,给学生提供参与各种音乐实践的机会,调动学生学习音乐的积极性,使他们在音乐活动中获得美感和享受,感悟音乐的真谛。

一、让孩子成为音乐课的主人

音乐教学中"给机会"的内涵主要表现在:给学生体验的机会,给学生探究的机会,给学生合作的机会。总之,在教学的过程中,教师应多创设实践机会,将其作为学生走进音乐,喜欢音乐课堂,获得音乐审美体验的基本途径。通过音乐艺术实践,激发学生上音乐课的兴趣,增强学生音乐表现的自信心,培养良好的合作意识和团队精神。

《音乐课程标准》指出:实践与体验是艺术学习的核心环节,是学生对艺术产生学习兴趣的源泉。要重视通过创设丰富的学习活动和学习情景,引导学生在艺术实践过程中,通过多种感官参与体验,以培养学生的艺术感受力、领悟力和创造力。音乐教学活动是艺术审美教育的活动,它既是一个学生表现"美"的过程,又是一个学生感受美、鉴赏美、创造美的过程。在音乐教学领域中,我重视通过学生的艺术实践,来激发学生的学习兴趣,积极引导学生通过小组合作参与各项音乐活动。通过体验愉悦的审美活动对音乐课产生兴趣,增强学生音乐表现的自信心,培养良好的合作意识和团队精神。

《音乐课程标准》还指出:学生是学习和发展的主体,音乐课程必须根据学生的身心发展和音乐学习的特点,关注学生的个体差异和不同的学习需求,爱护学生的好奇心、求知欲,充分激发学生的主动意识和进取精神,提倡自主、合作、探究的学习方式。教学内容的确定、教学方法的选择、评价方式的设计,都应有助于这种学习方式的形成。在音乐教学中,发挥学生主体性,发挥学生在教学中的主体作用,以学生为中心,开展多元化的教学活动,结合学生直接参与教学的机会,以实现学生自主地学,主动地学,创造性地学,使学生真正成为自主学习的主人,成为音乐课堂的主人。

二、奏出孩子心中的滴答滴

(一)给学生体验的机会

音乐学科具有不同于其他学科的特征,它本身的非语意性和不确定性使它具有特殊的学习方式——体验。体验就是通过亲自经历和实践来认识事物。"教师是音乐学习的组织者、引导者与合作者","音乐教学应该是师生共同体验、发现、创造、表现和享受音乐美的过程"。教师的职责是激发学生的学习积极性,向学生提供充分从事教学活动的机会,帮助他们在自主探索和合作交流的过程中真正理解和掌握基本的音乐知识与技能、音乐思想和方法,获得广泛的音乐活动体验。

1. 创设课堂情境,诱发情感体验

音乐是一种情感的艺术,让学生入情入境去感受体验,目的是唤起学生对音乐的注意,熏染学生的音乐思维和心境,激发学生宣泄热情。

心理学研究表明,学习内容和学生熟悉的生活情境越贴近,学生自觉接纳知识的程度就越高。学生对音乐的感知首先是从自己的现实生活开始的,同时学生在现实生活中积累的直接经验和已有体验又成为他们进一步学习音乐的重要资源,在教学中我往往根据教学的实际需求再现生活场景创设现实而有吸引力的教学情境,不仅可以激发学生学习和解决音乐问题的兴趣,促进他们用音乐的眼光理解现实问题、结合生活实际学习音乐,而且可以使间接经验的学习由直接的生活经验作支撑,从而使学生更容易理解、掌握音乐知识和技能,促进学生对知识的主动建构。

2. 通过听觉感受,强化情感体验

音乐既是听觉艺术,又是表现感情的艺术。欣赏的第一个层次就是感官刺激,好听对学生来说是最主要的。音乐的弥漫性告诉我们,熟悉的音乐能让人产生情感。所以,在教学中乐曲只要经过反复播放,让学生记住就会觉得很好听。

另外,教师要加强范唱与范奏的能力,让学生通过听觉感受学会歌曲,对初中学生来说这是使他们记忆最深刻的教法。关键乐句的模唱可以有效解决学生音准节奏上的偏差,聆听教师的演唱后也更利于引导学生把握情绪、仔细体味合适的唱法带来的美感。

3. 多样的教学形式,丰富情感体验

生动活泼的教学形式是维系学生兴趣的纽带。在教学中,教师可用语言、范唱、琴声、游戏、舞蹈、朗诵等多种形式来丰富学生的情感体验,还可以经常组织学生开展合作学习、小组学习、合作表演等活动,让学生在亲身参与音乐表演活动中直接体验并享受表演的乐趣,提高艺术的想象力、创造力、表现力及综合艺术表现力。

4. 通过"才艺展示",提升情感体验

每个学生都有权以自己独特的方式学习音乐、享受音乐和参与音乐活动,他们参与音乐活动表达个人情智、发展个性,而在每一节课上开设十分钟"才艺展示",这一环节正是一种生动灵活的展示自我、丰富多彩发展个性的教学方式。"才艺展示"以丰富多样的内容和形式,面向全体学生,给每位学生提供了展示自我的空间,既全面地展示了学生才能,又促进了个性的和谐发展,体现了课程标准提出的尊重学生个体差异,面向全体学生的理念。因此音乐课上要重视通过多种手段创设艺术氛围,激发学生的学习兴趣,促进学生主动参与欣赏与表现,体验艺术魅力。

总之,音乐课堂是学生学习音乐的主阵地,通过激发学习兴趣、建立平等的艺术舞台、为学生提供实践体验的机会,积极引导学生参与体验各项音乐活动,获得音乐审美体验,使学生充满快乐地走进音乐课堂。

(二)给学生探究的机会

音乐探究学习,是指学生独立地发现问题、获得自主发展的音乐学习方式。在探究学习中,学生自己发现问题,探索解决问题的方法。"探究性学习"倡导的是学生主动参与、乐于探究、勤于动手,旨在培养学生收集和处理信息的能力,以及获取新知识的能力、分析和解决问题的能力、交流和合作的能力。这正是当前开展的基础教育课程改革中的课程实施方式的改革,其改革的目标是改变学生现有的学习方式,使他们学会学习。在教学过程中,通过为学生提供开放式和趣味性的音乐学习情景,激发学生对音乐的好奇心和探究欲望,引导学生从感性出发培养其创造性思维和能力,同时要强化学生的"问题"意识,允许学生质疑,鼓励学生敢于探究、乐于探究、勇于探究,尊重学生对音乐的不同体验与思考,增强学生的自信心,使他们在不知不觉中感受到音乐的魅力。

1. 教师应创设问题情境

在音乐教学中,让学生在认知活动中主动发现、提出问题,还有一定的难度。它需要教师为学生产生问题意识到逐步学会发现问题、提出问题给予必要的引导、帮助。首先,完全可以由教师直接提出探究学习的问题,学生根据教师提供的问题进行有高度探究性的学习活动。而且,只要学生真正卷入了探究音乐知识、技能的过程,就会提出这样那样的问题。其次,集中筛选和优化学生从问题情境中生发的问题,由此明确后续探究的目标和内容。通过这样的教学过程来培养学生提出问题的意识和能力。第三,引导学生联系其他学科内容以及生活经验,自行提出问题,并引发他们对所收集的信息材料进行探索、分析、研究,增强对视觉语言的理解和运用能力。

2. 多给予学生成功的体验

在教学中,教师只有对学生的提问或回答持有正确的态度,让学生尝到探究的成果,尽可能地给予学生成功的体验和愉悦,才能激起学生学习音乐的兴趣,才能引发学生求知、探究的欲望,并能引出另一些问题。

实际上,真正的学生探究活动整个地就是由问题引导,培养学生的问题意识和提出问题的能力可以贯穿探究活动的始终。它需要我们音乐教师在具体的教学中灵活地设计和取舍,使探究性学习获得实效。

(三) 给学生合作的机会

合作是音乐教育的强音,合作能力更是新时代人必须具备的社会能力,它是通往成功的阶梯。教师应给学生创造更多的合作机会,充分利用音乐艺术的集体表演形式和实践过程,培养学生良好的合作意识和在群体中的协调能力。合作学习中,新课程强烈呼唤着形成"合作伙伴式"的师生关系。当教师与学生的关系成为"朋友式"时,音乐课就会变得温馨愉快;当教师与学生的关系成为"师生互动式"时,音乐课就会变得更有生机与活力。在教与学的过程中,师生双方相互交流、沟通、启发、补充,共同分享彼此的思考、经验和知识,交流彼此的情感、体验与观念,丰富教学内容,求得新的发现,真正实现教与学的共同发展。

1. 通过小组合作,激发学生学习兴趣,培养学生参与意识。合作学习,重在参与。有了兴趣和参与意识,才会对音乐的学习产生欲望和动力,达到合作学习理想的状态。

2. 通过小组合作,课堂中出现了更多的师生互动、平等参与的局面,学生真正成为教与学的主角。在不断合作学习的刺激下,感受团队荣誉感,培养团队意识。

3. 通过小组合作,小组成员相互鼓励,培养合作精神。在整个学习过程中,合作产生了更多分工协作,讨论和评价他人观点的机会和时间,同时让小组成员学会聆听、学会体验、学会获得。

4. 通过小组合作,有利于培养学生的集体观念,合作学习小组的异质性决定了学生在共同活动中必须做到互相帮助、互相监督,其中的每个成员都要对其他成员的学习负责,体现出人人为我,我为人人的意识要求,可以使学生在交往中产生心理相容,建立和谐的人际关系,培养学生的集体意识。

5. 通过小组合作,教学中同学之间的相互交流,不仅可以有更多的机会对自己想法进行表述和反省,提高学生的表达能力,更重要的是获得音乐知识、技能的同时也学会尊重他人，学会与人相处。

没有合作，音乐也不会产生和存在。在这样一种开放的人本主义理念下，小组合作学习的教学模式已被广泛地运用到日常教学中。正是因为合作有着如此丰富的内涵，使得我们更有效地完成教学的最终目标。因此，开展小组合作，不仅是教师的需要、学生的需要，更是教育改革的需要。

三、孩子中间"卧虎藏龙"

在"欧洲音乐大师的童趣之笔"一课中，我根据教材中"漫步动物园"这一环节内容，特意将音乐教室布置了一下。将周围的橱窗贴满各种各样的动物图片，在一块大黑板上画了一幅以"漫步动物园"为主题的背景画。学生一走进课堂，一下就被一幅幅的动物图片吸引，非常好奇，激发了学生学习音乐的兴趣。在欣赏教学过程中，让学生为音乐主题配背景画，让学生通过视觉感受，对音乐进行想象。在"漫步动物园"这一创作活动中，我们的音乐教室就像一个小型的动物园。同学们都争先恐后，积极参与，运用各种道具或肢体语言并结合音乐的主题来扮演橱窗上的各种动物。另外，我还选择了一些打击乐器来模拟动物的叫声和其他声音。整节课在一个轻松、愉快的气氛中进行，让学生们再次感受到了童年之趣，同时也了解了欧洲音乐大师笔下的一些充满童趣的音乐作品。

在"兄弟民族的歌舞音乐"这一课中，我引导学生从地域人文、民俗风情、民族服饰等角度进行分析，把音乐、乐器知识进行迁移融合，让学生在了解的基础上，听辨各民族的音乐，让他们穿上各民族的服饰，跳着富有民族特色的舞蹈，充分地再现音乐，体验各民族歌舞音乐的风俗特色。

在赏析维瓦尔第的"四季·春"一课的教学中，我在美妙旋律中，声情并茂地朗诵歌颂春天的小诗，激发学生对春天美景的想象。然后我带领学生到校园里观察春天的景致，并畅谈春天的所见所闻，唤起学生心底对"春"的热爱，继而产生探究的动力。学生经过讨论，产生了以下问题：

关于"春天"的儿童歌曲有哪些？

这些歌曲在情绪上有什么共同点？

以"春天"为主题的歌曲描绘了怎样的情景？

还有哪些赞美春天的音乐作品？

学生怀揣着一份热爱春天的美好情感，通过调查探究，学会了如何在课堂中发现问题，懂得了如何才能寻找到问题的答案。当然，在整个探究过程中，教师必须不断根据学生的活动情况调整探究问题内容，使探究活动能顺利展开。

在"银屏飞出的旋律"一课的教学中，我设计了如下环节：

第三部分：欣赏与活动（22分钟）

1. 欣赏电影《卧虎藏龙》默片"夜斗"片段：寻找影片中的声音，想象影片中的音乐。

师：接着，老师想给同学们欣赏一段影视片段的默片，你们能找出影片中可能发出的声音，想象出影片的音乐吗？

生：飞檐走壁的声音，扔瓦片的声音，敲锣打鼓的声音，打斗时的声音。

2. 活动：

（1）分组为默片"夜斗"片段，进行配乐、拟音。

第一组：寻找身边的音源为影片配乐。

第二组：用打击乐器为影片配乐。

第三组：老师提供音乐片段，请同学们为影片选择背景音乐。

第四组：老师与几位同学一起合作，为影片配乐、拟音。

（2）各组交流、评议。

师：接下来，我们来看看每组同学的表演。

（各组交流）

师：下面，我想请同学们对刚才各组的表演进行点评。

生：如果我们四组同学能一起合作为影片配乐，那效果一定会更好，艺术感染力会更强。

师：让我们试试吧！

（四组合作为影片配乐）

师：嗯，果真不同凡响。

3. 欣赏"夜斗"视频：了解片中独特的音乐效果。

师:这部影片是李安导演的《卧虎藏龙》,下面就让我们听听作曲家谭盾是如何为电影中俞秀莲和玉娇龙"夜斗"这一场配乐的?

作曲家谭盾运用具有中国风格的一阵紧似一阵的鼓点,表现了在夜色下打斗时的激动不安。

那么你能说说这段音乐在影片中的作用吗?

生:烘托氛围。

在新课程标准的指引下,体验、探究、合作式学习已经受到了大家的普遍关注,已经成为了课堂教学的必经之路。在课堂教学中,充分发挥音乐艺术特有的魅力,激发和培养学生的学习兴趣。改革传统音乐教学模式,发挥学生学习的主动性、创造性,培养学生自学能力、合作精神。在教学中,我深深地体会到:教师应更多地创设"体验、合作、探究"的学习机会,让学生在形式多样的实践活动中感悟音乐,提高音乐的审美能力。

(撰稿者:浦莺)

2 解放

教育之道,道在心灵。教育是以心灵感应心灵的过程。欲望显示存在,而心灵决定存在的品质。一个人的快乐与幸福,不是由你获得了多少来决定,而是决定于你体验到了多少。毫不客气地说,如果教育未能触及人的灵魂,未能引起灵魂深处的变革,就不能称其为教育。如果孩子们的心灵没有被教师感应到,那么教育的本质将离我们越来越远。其实,教育的全部秘密在于解放,在于尝试着放弃控制之心,渐渐地,不仅解放了孩子,也解放了自己。

宽容可以收容每一颗心 / 041

扬起"零零后"的正能量 / 047

"1+1"齐步走 / 054

教师是学生的镜子,学生是老师的影子 / 060

让孩子们飞翔在蓝天之上 / 066

学校应该是一个让心灵自由的地方。让孩子拥有无限的时间，去观察身边以及内心正在发生的事情，去倾听，去感受。学校更应该是一个让心灵绽放的地方。让孩子们都能拥有一颗平静的心，去捕捉身边以及内心正在发生的事情，去积累，去成长。学校的真正功能——帮助孩子唤醒他们的智慧，让心灵得到自由。

因此，教师和学生之间应该保持一种怎样的关系？教师是否要有意无意地保持一种优越感，总是想占据重要的地位，使孩子们有一种"我必须服从"的自卑感？答案是不言而喻的，这种关系只能导致学生的恐惧、压迫和紧张。于是，孩子们从青年时期就与这种优越感作对，他们感到被忽视了，于是终其一生，要么成为"侵略者"，要么不断地屈服和服从。

作为教师不能只关注知识，否则他就只是一台活的计算机。教师还要担着比这更重大的责任，他必须关心孩子们的品行，关心孩子们的一种生活方式——心灵的绽放。他必须关心孩子们的未来，以及这些孩子的未来会是怎样的。他必须能够让孩子们自主地成为他们想要成为的人，或是他们应该成为的人。而要实现这种解放，需要乘坐人性化的教育之船从此岸出发，扬起希望的风帆，驶向彼岸。教师作为这艘船的掌舵者，不仅要学会尊重学生，还要学会解放自己，才不至于使船偏离目标。

谦虚是教师首先应该做到的，谦虚的教师不仅要吸收学生身上的优点，吸取他们思想中的闪光点，还要能够包容他们暂时的"无知"和一些过失，引导他们不断超越自己。爱心是教育的源泉，这里的爱体现为宽容，宽容使我们尊重并学习与己不同的思想，宽容能将先进的教育理念转化成真正的教育实践；果断也是教育者不可缺少的重要品质。一个连自己都不知道下一步该往哪个方向走的教师，怎能引导学生去抉择呢？用智慧去处理忍耐与急躁之间的关系也是教师应力行的德行。正如弗莱雷认为，真正的有效教学是把二者巧妙地结合起来，使它们之间保持必要的张力……

破解教育秘密的方法其实很简单，就是解放心灵，与心灵和谐相处。

宽容可以收容每一颗心灵

"快乐学习,自能发展"提示:
给孩子一点宽容,让他们快乐成长。

苏霍姆林斯基曾经说过:"有时宽容引起的道德震动比惩罚更强烈。"只有宽容的教育氛围才能有利于学生的全面成长和个性发展。就像一首小诗所说的:土地宽容了种子,拥有了收获;大海宽容了江河,拥有了浩瀚;天空宽容了云霞,拥有了神采;人生宽容了遗憾,拥有了未来。在教育过程中适时给学生一份宽容,无疑是让学生学会宽容,学会如何去爱身边的人,去理解身边的人,从中也懂得了感恩、尊重与成长。

一、"老师原谅我了"

在教学的过程中,如果能给学生一个宽松、自由的氛围,让他们充分意识到自己是班中一分子,是班中小主人,能充分地表达自己的想法。那么,在学习过程中就会不断完善自我,提升自我。

屡教不改的学生,自尊心往往受到挫折、打击,在心理上表现出矛盾、恐惧、不安,有一种无形的压力。在行为上也常常表现为:有话不敢跟老师讲,有问题不敢请教同学,各种有意义的活动,他不敢参加。面对这样的学生,老师对学生宽容,但决不放纵,也决不任其自流，而是要把尊重、信任、理解留给学生，让学生从自卑感、恐惧感中解脱出来，减轻心理压力，恢复师生之间的正常交流，还给学生一份尊重、信任和理解。师生之间的关系就会得以改善和升华，学生就会主动靠近老师，慢慢敢于质疑，敢于发表自己的观点。当学生体会到"老师原谅我了"后，就会减轻压力，由被动的学习转为积极主动的学习，成为学习的主人。

二、宽容可以穿透人的心灵

1. 教师自身要有宽容的胸怀

"谅解也是教育。"爱因斯坦曾经这样说过。对别人的过错能宽容原谅是一种美德，这是一个优秀教师必须具备的心理品质。优秀的教师善于以自己的宽容，走进学生，走进学生的内心，变成学生心目中可亲可近可以推心置腹的人，从而顺利达到教育学生的目的。宽容是一种温柔的力量，它可以穿透人的心灵。

教师的评价对学生的性格发展起着导向作用。我们教师应该用宽容的胸怀对待学生的个性发展，充分认识学生某一时期的成长特征，认可他们这一时期的个性特征和行为特征，让青少年保持该年龄段的天性。老舍先生主张维护儿童天真活泼的天性，不可强求，更不可处处约束。教师对学生的评价要有宽容的态度，不是处处以纪律和规章制度约束他们，而是用理解和宽容来认可学生的少年天性，再引导和培养发展他们的个性。此两者要有一个适当的度来把握。

俗话说，退一步海阔天空，忍一时风平浪静。教师对学生的偏激行为要制怒、要宽容，但不是姑息迁就，而是以柔克刚，大事化小，给学生思过、改错的机会，达到自我教育的目的。试想学生犯错，你总是挖苦、讥讽他，学生就会无地自容，会产生严重的厌恶情绪和逆反心理。与此同时还会对老师产生厌恶、抵触情绪，久之助长其"叛逆"心理形成，长此以往造成恶性循环，只能增加师生隔阂。更何况，学生犯了错误，他们迫切想得到的是理解和帮助，绝不是粗暴的批评和惩罚。学生正是通过不断从错误中吸取教训而成长、成熟起来的，教师要最大限度地去理解、宽容、善待他们。所以，老师要学会宽容，要学会微笑着面对学生的"刁难"，学生也会在你的宽容中逐渐成长。

2. 要尊重理解学生

教师要尊重学生在教育教学过程中的自觉性、自主性和创新性。教师要尊重学生的独立人格，因为尊重学生的人格是教育的前提。尊重学生的独立人格就是尊重学生的人格价值和独特品质，这不仅包括他的优点和长处，也包括他的缺点和短处。教师不可能喜欢学生的一切。对待一个优秀的学生，教师认识到该学生是一个有价值的人，一个值得尊重的人，每个教师都能做到。但对待一个"差生"，每个教师却未必能意识到这一点。有些教师因为"恨铁不成钢"或是疾"恶"太严，缺乏宽容的气度，没有认识到学生的人格价值和品质，就难以和"差生"沟通，也无法取得较好的教育效果。爱默森说："教育成功的秘密在于尊重学生。"尊重学生，就要不伤害学生的人格。因此教师在严格要求的同时，要体现出更多的关心和爱护，这样才能使学生体会到潜藏在教师内心深处的信任和尊重，才能与教师建立平等、民主、互信的师生关系，也才能赢得学生的尊重和爱戴。苏霍姆林斯基说过："赞扬差生极其微小的进步，比嘲笑其显著的劣迹更文明。"事实上，只要对"差生"多一些宽容和赏识，多用发展的眼光看待他们，帮助其分析症因，提出应对策略，就能使他们的潜力得到开发，而这种潜力一旦被挖掘出来，迸发出来的力量是惊人的，甚至一点不比"优生"差。当学生从思想上认识到错误后，就会自发地产生一种动力，会自主改掉自身坏毛病。这种潜在的力量就是自律力，它的力量是无穷的，它可以让学生自觉地遵守纪律，规范自身行为，制定目标，完成各项活动。

3. 用爱心对待学生

有人说："一切最好的教育方法，一切最好的教育艺术，都产生于教师对学生无比热爱的炽热心灵中。"因此，作为一名教师，首先应该是爱孩子。师爱不等于母爱，严格不等于厉害。在严格要求又关心爱护中，要严字当头，爱在细微处。充满爱的严与表现为严的爱相结合，才能赢得学生的尊敬和理解，赢得家长的信任与支持。教师要用爱心对待每一个学生，特别是对思想行为有偏差、文化学习滞后的学生，更要用宽容心对待他们。对于学习较差的同学，我们要特别注意保护他们的积极性。我们要容忍学生犯错误，不要漠视学生的上进心。要用放大镜看学生的优点，用缩小镜看他们的缺点，不要动不动就大声呵斥、讽刺挖苦，挫伤学生的身心和人格。同样，我们要鼓励学生有自己独特的见解，用宽容的胸怀，对待学生的个性发展,让学生保持年龄段的天性,指导学生不断发现、不断创新、不断超越……

"爱的力量是无穷的"。学生在师爱的沐浴下轻松快乐地学习、生活。即使他们违反了纪律,老师严厉批评时,也要动之以情,晓之以理,更要让他明白:老师是关心你、爱护你的,是为你着想才如此严格要求……这样,在"严师"面前他就不会产生逆反心理或敌对情绪,而能理解老师的一片苦心。精诚所至,金石为开。春天播下师爱的种子,秋天必定结出尊师的硕果。更重要的是,"师爱"如无声的春雨在不知不觉中滋润着孩子们的心灵,实现了爱的迁移,教给了孩子们如何爱别人,如何去宽容别人。

4. 让学生学会宽容

现在的孩子大多是独生子女,在家娇生惯养,对自己要求放松,对别人往往苛责求全,不懂宽容。而教师的宽宏大量、洒脱大度在潜移默化中对学生是一种影响和教育,让学生也学会"严于律己、宽于待人"的处世原则,将会使学生受益一生。

因为宽容,老师给了学生足够的理解和尊重,给了学生一个改过的机会与过程,也赢得学生的感激之心和敬重之情。宽容能驱走怨恨,宽容能带来真情,宽容也是一种无声的教育,它的教育力量常常超出我们的想象。

三、宽容可以收容每一颗心灵

小A:在我任教的班级里,有个男生小A,偏内向,成绩属中下,偶尔还会忽上忽下。平时不愿跟别人打交道,在班级不太合群,思维方式较独特。究其原因,这孩子一切以自我为中心,从不考虑他人的感受,爱斤斤计较,总是不分场合抱怨老师、同学、父母以及长辈给他造成的所谓的"不便",不愿为班级、为同学服务,不愿参与班级的活动。应当看到他缺少宽容的价值观。为此我多次和他的家长沟通,家长很支持配合我的工作。两年下来通过切实的多方面沟通与交流,小A的情况有所起色。

小B:班中另一位男生小B,爱表现、好动,成绩属中等。课堂纪律差加之家庭原因,偶有偏激的行为。我刚接手这个班时,就发现小B经常没有经过别人的同意,随意拿别人的

2 解放
宽容可以收容每一颗心灵

东西。有次,小 B 竟然偷拿同学的贵重物品拒不承认。我知道此事后,非常震惊与着急。震惊之余,我找了一个机会私下与他进行了一次朋友式的深谈,因此此事得到很好的控制并圆满的解决,事态也没有在班级扩大,对小 B 的舆论比较温和。随后,通过与小 B 一年多的交流与沟通,甚至为课堂纪律我给他下"军令状",以及在他家长的协助下,小 B 在行为习惯上有了很大的好转与改变。

小 C:班中一位男生小 C,小学是在市区里的小学读的,小 C 外表长得干干净净,人也斯斯文文,但是他是班里后进生,各科成绩基本在红灯区。新生刚开学没多久,就给我来了个下马威,在班外、班内都挑衅同学,和人打架,让我不得"小"看他。班外打架之事我为他亲力亲为妥当处理好之后,他自知理亏,自那以后脾气收敛了不少,学习上也卖力了点。我乘此机会不失时机地对他加以引导、表扬,肯定成绩,这大大增强了他在学习上的自信。在几次的英语随堂测验中他都获得高分,看着他在学习上的点点进步,我的心里是美滋滋的。

所以,正如一位哲人所说:天空收容每一片云彩,不论其美丑,故天空广阔无比;高山收容每一块岩石,不论其大小,故高山雄伟壮观;大海收容每一朵浪花,不论其清浊,故大海浩瀚无比。哲人之言无疑是对宽容最生动直观的诠释。每当想起这番话我不由地想起这样的一件事:

一位班主任在上班会课时,有个学生向他报告,说他的一支新钢笔丢了,并怀疑他的同桌……而在这时,这位老师发现那位学生同桌求助和惶恐的眼神。这位老师只略微沉思了一下,说:"或许哪位同学无意拿了你的笔,或许是你不小心……但我肯定拿你这支笔的同学现在一定很后悔……"说着,老师拔下了自己别在胸前的笔:"这样吧,我这支笔就送给你吧。不过我要告诉这位同学,随便乱拿别人的东西,不是好习惯,希望这位同学好好学习,改掉自己的坏毛病。"10 多年后,拿笔的这位同学大学毕业,在参加工作之前,拜访了那位老师,讲述了他那次拿笔的原因:"……如果不是老师的宽容,如果老师当场揭穿这个'秘密',我就无地自容,我就不会有今天。正因为老师的宽容,我要更加勤奋地学习,报答老师。"是的,有时候,学生犯了错误,大多数都会后悔,希望得到宽容、谅解。有些学生只要我们老师拉一拉,就能成为好学生。如果稍一不慎,推一推,或不注意方法,就会毁了一个人,甚至酿成更为悲惨的结果。

小 B 案例与此事有类似之处,我也很庆幸自己没有公开调查此事,否则后果不堪设想。

现在小B的行为和学习成绩有了很大的好转与改变。他的逆反行为得到控制,和同学、老师的紧张关系也得到了缓解,最大的一个变化是小B再不轻易拿别人的东西,能够较好地控制自己的情绪,上课能主动举手回答问题,作业也能按时交了。

从小A的几次事件处理中我也发现,一味地批评,只会挫伤孩子的自尊心,造成他的自卑心理,孩子并没有改错的持续内动力。最好的方法应该是老师相信学生,在批评时最不能忘记的是鼓励。要让孩子感受到老师、同学对他的关心和爱护,是从心底希望他好,让孩子感受到集体的温暖,从而形成改过的持久动力。在教育中有一条规律,那就是允许反复。因此,老师不可因学生一时错误而全盘否定他的进步,要站在学生的角度,贴近学生的心,充分地信任学生,这样的教育才是有成效的。

学会宽容,多一分宽容,多一些从学生的角度来看问题,设身处地去思考,还有什么比理解、信任、尊重更让人欢欣鼓舞呢?总之,适当地把握尺寸,以宽容之心来对待每一位学生,说不准会带来意想不到的后果,同时对老师和学生的心态上也能起到一个良性循环的效果。

因此,当老师在多次教育学生而难以奏效时,不妨试一试"无声教育",宽容一点学生,给学生一点自尊。相信老师在不断提升心理素养的同时,与学生的共同相处中创造出一片更为广阔的天地!

(撰稿者:李曼华)

扬起"零零后"的正能量

"快乐学习,自能发展"提示:
给孩子一个"微型共同体",让他们自能发展。

一、"微型共同体"扬起零零后的正能量

"微型共同体"即班级中的学习管理互助小组,是指学生在一定组建原则下组成风险共担,荣誉共享的学习管理小组。它与传统意义上座位组的区别在于是否荣誉与共,是否形成了组与组之间竞争。通过一定的制度和措施的引领,微型共同体"同甘共苦"的观念深入人心。在这类小组中一人犯错,将会累及其他成员,并且扣除组内积分。反之,一人贡献,也增加小组积分。努力使共同体所有成员达成统一的思想认识和学业追求,从而构建组内成员之间相互督促、相互合作,组与组之间相互比较相互竞争的学习情境,最终实现学生的自主管理,在集体中自能发展。

建构主义认为,情境是意义建构的基本条件。建构主义的教学策略是以学习者为中心,其目的是最大限度地促进学习者与情境的交互作用。假如现在以学生为中心,构建一个适合学生之间相互管理的情境,那么将极大促进班级自主管理的发展。华东师范大学教育学院叶澜教授认为"班主任要引导孩子自我成长,自我管理。教会学生在自我管理、自我

组织中成长,有利于他们今后参与各类活动,对素质教育都是有好处的"。

集体意识是班级发展成为班集体的标志。培养学生的集体意识是建设优秀班集体的基础。集体意识表现为学生对班级集体目标和规范的认同,将自己自觉归属于集体,对集体的活动自觉参与,对集体形象的自觉维护。集体教育与自我教育的理论有更明确的表述:集体本身是一种巨大的教育力量,可使个体产生不同于处在单独环境中的行为。教育要使集体显示动态的特质。搞好自我教育需要提高学生对于教育和管理活动的实际参与程度和实际体验程度。要充分利用集体教育力量,激发学生的集体荣誉感,用集体来约束自我,在集体中督促自我。

二、"微型共同体"浸润零零后的心灵

班级学习管理"微型共同体"是班级共同体中的一个组成部分,它并不脱离于班级学习共同体,可是跟班级共同体相比,它能更有效地激发学生班级体内部的竞争力和学习的主动性。可要把小组"微型共同体"的作用发挥最大化,它的作用应当涵盖班级学习以及日常管理的全部。

1. "微型共同体"的建立应充分尊重学生的主体性

班级"微型共同体"的建立应有别于以往的以座次为依据划分的值日小组。以往的班级小组无论是值日小组还是课堂上的学习讨论小组,其划分主要是依据座次,其次是男女比例(以便于劳动中的分工)。可是这样的分组方式,忽视了学生的主体性,因此在小组中无论学习还是劳动都缺乏主动性。尤其是课堂上以同桌、前后桌为单位组成的小组,往往因为组员缺乏必要的积极性以及小组之间的基础不平衡,导致小组互助学习流于表面形式,缺乏有效性。

班级"微型共同体"的建立目的是激发学生学习以及管理班级的积极性。因此其建立离不开学生自己的自愿选择。班主任是每个班级"微型共同体"的必要组成部分,班主任在小组的数量、人数的确定方面应提供必要的指导。小组长应当竞聘产生,以激发组长的积极性和责任心,而小组人员的确定,可以交给组长和学生自己去双向选择,这样的共同体才

具有凝聚力。小组组名的确立,以及组会的设计则可以进一步增强小组的凝聚力。这样"微型共同体"把个体组成集体的同时又充分尊重了每个个体的主体性。

2. 让班级"微型共同体"发挥在班级管理方面的激励作用

新基础教育主张"学生自主参与班级建设,体现学生主人翁意识"。以往落实这一理念往往采用多设置班级管理岗位或者值日班长制度。可是过多的岗位设置给了学生班级管理权的同时,也让学生形成事不关己高高挂起的思想,并不利于学生责任心的养成和班集体的建设。而值日班长制度则往往因为缺乏评价机制和激励机制难以落实。班级"微型共同体"把学生个体划分在不同的小集体里面,从而把个体的表现跟"微型共同体"紧密联系在了一起,因此可以激发学生参与班级管理的积极性。

"微型共同体"之间可以形成良好的竞争关系与各小组相互激励,因此班主任可以分阶段把班级管理交给"微型共同体"来完成。比如可以建立"微型共同体"值周制度,在一周的时间里班级管理由一个小组完成,组长负责跟组员协商划分班级管理的任务和岗位,这样每天的劳动值日以及值日班长的岗位轮换都能充分尊重学生的主体性,同时,每个个体的表现又关乎小组的荣誉,可以极大地调动学生的班级主人翁意识,形成各个小组相互竞争,提高了班级管理的效果。

3. 让班级"微型共同体"发挥在学习方面的积极促进作用

在班级里形成"比"、"学"、"赶"、"帮"、"超"的班风是每一个班主任追求的理想境界。相对地,班级内部把"比"、"学"、"赶"、"超"化为实际操作较为容易,但"帮"却很难化为学生的内在动力,也不容易落到实处。

班级"微型共同体"则相对容易激发学生的团体意识,在班级学风建设上发挥作用。在小组起始阶段,各组之间学习水平较为接近,这样可以激发小组间"比"、"赶"、"超"。而小组内部,各成员学习成绩高低错落,要取得小组进步,各成员间自然互相帮扶,"学"、"帮"、"超"才能达到小组共同进步。组内每个个体都有各自的赶超对象,有各自的帮扶对象。这样每个个体在互帮互助中发展进步,带动了小组的进步,从而进一步促进了班级共同体的进步。

4. 有效的评价机制是班级"微型共同体"的保障

"微型共同体"小组建立在组内互助,组间良性竞争的基础上。要保证"微型共同体"的有效运转,离不开完善的评价机制。评价规则的制定应尊重学生的主体性,由全班共同参与制定。但小组评价规则与普通的班规不同,普通班规主要指向学生应该干什么,不应该干什么,犯错了要受到怎样的惩罚,而"微型共同体"评价则侧重将对个体的要求与小组的荣誉联系在一起。学生不再是孤零零的个体而是集体中的一分子。这样对学生的评价就多了集体的维度,让学生的合作意识得到加强。

同时,集体跟个体是一对矛盾统一体,班级"微型共同体"并不排斥个体个性的发挥,这也需要有效的评价规则。评价规则里应当鼓励个体全面发展,肯定个体对小组的贡献。有效的评价规则还应当肯定学生在德智体美劳各个方面的突出表现,这些表现都给共同体带来正面的评价与贡献。这样个人的进步与发展才能跟"微型共同体"形成统一。

三、"微型共同体"记录零零后的成长

作为一名新班主任,我缺乏班级管理方面的经验。预备年级第一学期,我发现我的班级学生在学习风气、精神面貌、行为习惯等方面都存在诸多问题。起初我精心制定好班规、奖惩方案并挂在墙上。可孩子们的自我管理能力和集体意识很薄弱。可能是我太不信任学生而不敢放手,什么事情都亲力亲为,不断弱化了学生自己的力量,忽视了德育教育的重要性。到头来自己累得筋疲力尽,学生顽固依旧。在班级流动红旗评比中,我们班只得到可怜的四次红旗,看到别的班级一次次地在升旗仪式上取得流动红旗,同学和我都觉得很没面子,可具体落实时又力不从心,学生的责任感和积极性始终不高。为此,我深入反思并借鉴让"学生自主参与班级建设,体现学生主人翁意识"的理念,积极开拓,创新班级管理方法。

预备年级下学期,在征求全班同学意见的基础上,我把全班 35 名同学分成 5 个小组。小组分组按照学校分班的办法,保证各小组的同学在学习上的均衡。把每组成绩最好的一名同学选为组长,由组长选出副组长,两人共同负责小组的管理,小组组员共同商定自己小组的名称。每个小组负责值周一周,当周的值日班长由该小组成员轮换。值周小组获得流

动红旗可以给小组加4分,相反值周过程中劳动卫生等出现问题则相应扣分0.5—1分。小组成员不仅是劳动卫生的共同体,更是学习纪律常规评比的共同体。小组成员之间互相帮扶,制定各小组的师徒结对帮扶计划。对共同体学业考核采取如下办法:一般五周内肯定有一次考试,按组内成员本次考试的总分与上次考试相比,对前四名依此加10分、6分、4分、2分。学生单科成绩在班级前四名的可对所在组加2分。个人总成绩前四名可对所在组加2分,进步最大前四名也可以为小组加2分。说脏话、聊游戏一经发现每人次扣1分。不交作业每人次扣0.5分。做社区志愿者、替忘记劳动的同学劳动以及为班级作出特殊贡献等都可获加分。五周一个循环下来,算一次总分,前三名者,可以获得小奖品。为了强化队员的团队意识,班会课上,我让小组的同学坐在一起,小组成员共同反思评出一周中表现最好的同学,找出组内的不足,然后大家交流怎样做得更好。小组管理实施后,学生的热情很高,他们为自己的小组取好名字。几个循环下来,效果显著,学生劳动卫生的积极性提高了,获得流动红旗的次数渐渐多了起来,还获得了一次"优秀班级"的称号。班级内"比、学、赶、帮、超"的氛围渐渐浓了,不交作业漏交作业的同学少了,说脏话、聊游戏等行为基本没有了。看到优胜小组成员拿到奖品后欣喜的笑容,我更为零零后表现出的团队精神高兴。

初一(7)班班级学习管理互助小组实施方案:

1. 全班依据公平、自愿选择的原则分为五个小组,各小组组员讨论后确定的名称分别为:翱翔小组、Wonderful小组、雄鹰小组、恒星小组、蜜蜂小组。

2. 各个小组对当值日的卫生负责,值日工作内容包括:室内扫地、拖地,室外扫地、拖地,保洁区卫生保洁、擦黑板等。

3. 红色字迹标注的为组长,组长负责任命副组长一名,组长负责安排值日当天的卫生保洁岗位人员。

4. 小组组员在学习上互相帮助,组长与组员共同商议制定本组成员的学习计划和帮扶计划。

5. 各小组展开学习、劳动卫生方面的评比,每五周进行一次评比,评出优胜小组两名,获评者可以获得奖励。

6. 每周由一个小组做值周小组,负责当周的劳动卫生常规检查与督促。值周班长由该组的组员担任,负责每天常规责任的落实。

  7."优胜团队"评比内容:学习40%、常规30%、劳动卫生30%。

初一(7)班班级学习管理互助小组评比细则:

  一、学习方面:

  1. 成绩进步第一名加10分、第二名5分、第三名2分,后两名不得分。组员单科成绩获得班级前4名可为本组加1分,全班考试进步前4名加1分。

  2. 作业缺交、漏做等不合格的每人次扣0.5分。因听课不认真被老师批评每人次扣0.5分。

  二、常规纪律:

  1. 说脏话、聊网络游戏、抄作业每人次扣1分。

  2. 打架每人次扣2分。

  3. 其他扰乱班级秩序的行为酌情扣0.5—1分。

  三、劳动卫生:

  1. 值日当天有扣分现象扣1—2分。

  2. 值日生不能及时到岗做好值日被值周组检查出问题扣0.5—1分。

  3. 值周小组挣得流动红旗加4分。

  4. 参与年级组以上级别比赛获奖加1分。

  作为一名语文老师,启发式地引导学生走进文本,体会文字背后的情感是日常的教学工作,而课堂上学生的反应是对课堂教学质量的直接评价。我的班级里面学生普遍不爱举手发言,往往一堂课上所有的问题举手回答的都是那两三个同学。长此以往,不爱举手的同学中有很多学习成绩下降,听课效率下滑。为了调动学生的学习积极性我让学生在我的语文课上按小组团坐。由组长带领大家共同研读,各小组之间比较举手回答问题的次数和答对率,并在黑板上写"正"字记录。这样每节课上哪个小组的表现最好一目了然,而表现最好的两个小组可以获得加分,表现最差的一个小组扣分,这样学生的积极性与讨论的热情明显提升了,课堂的专注度也得到了提高。语文课也变成了充满活力和成长气息的课堂。

总之,班级"微型共同体"要求正确处理个人与集体的关系,而这正是集体意识的一个重要表现。在班级德育教育过程中,班主任应该通过引导学生参加班级的各种活动,提供机会让学生在活动中体会和感受集体的力量,使学生懂得个人的发展与集体的发展是紧密联系在一起的,学会以集体利益为重,关心集体、关心同学、团结协作、共同发展。

在校园生活中,学生学习的不仅仅是书本上的知识,更重要的是学习如何为人处世。德育教育在日常的教育中尤为重要,在小组竞争中让学生感受到集体的力量,正确处理个人与集体的关系。通过班级"微型共同体"的建设,让学生在各方面养成良好的习惯,增强集体荣誉感,让每一个人都参与到班级管理中。而事实也证明了,把管理班级的权力放给学生后,不但整个班级更具凝聚力,而且大大增强了每位学生的责任意识,形成"我的小组"、"我们的班级"的意识,从而在集体中实现自能发展。

(撰稿者:亓祥银)

"1+1"齐步走

"快乐学习,自能发展"提示:
给孩子一个小组,让他们自己去管理。

现代教育越来越注重学生的主体性,强调学生的主体意识和自我发展能力,强调如何尊重学生、发挥学生的主体地位。传统班级管理模式过多强调班主任的"管",而忽视学生的主观能动性。苏霍姆林斯基说:"真正的教育是自我教育,是实现自我管理的前提和基础,自我管理则是高水平的自我教育的成就和标志。"因此,在二期课改向纵深不断推进的今天,让学生在自主的班级管理中成为班级的真正主人翁,学会自我管理,学会互帮互助显得尤为重要。班级小组合作学习的开展,就是让学生学会用他人的眼光发现问题,学会与同伴密切的交往,热心互助,真诚相待,社会意识和社交能力等才能得到发展。班级小组合作学习体现了"以生为本"的思想,一切为了学生的发展,高度尊重与信任学生,促进了学生的健康发展。

一、1+1>2

传统的班级管理,班主任是班级管理的核心,班务的许多烦琐事情都得班主任亲力亲为,班主任做得辛苦、劳累,但结果常常是出力不讨好。现在,小组合作的形式引入班级管理工作中来,这可以说是一场革命,是对班主任的解放,是对学生的解放,让学生有了更多的自我管理、自我提高的权利和机会。

班级小组合作学习是指班主任在多方面对全班同学进行考察的基础上,根据学生的不同特点将全班学生分成若干个小组或者由学生自愿组成若干小组,小组成员一起从事学习、活动、班级管理,共同完成学习任务,实现发展目标的一种班级管理方式。

新课程标准指出:动手实践、自主探索与合作交流是学生学习的重要方式。班级小组合作学习是在教师指导下,学生团队协作交流,共同学习的一种学习方式,它能有效地进行组员合作,共同学习,共同提高,促进学生良好非智力品质的发展。利用班级小组合作学习的积极因素,在班级管理过程中建立班内分层合作学习小组的竞争机制,有利于班级的建设。

班级小组的成立提高了学生的自我教育、自我管理的能力。班级小组合作学习,把管理权交给了学生自己,学生可以自主地有建设地开展自我管理、自我教育,虽然在实践中难免出现一些失误和波折,但学生可以在这种挫折中学会自我调控、自主思考,为学生终生发展打下基础。

班级小组的成立提高了学生的竞争意识,激发了他们的进取心。个人、小组间全方位的竞赛,使学生在学校班级小组始终处于一种竞争的环境中。比一比、赛一赛,赶上前面的同学、为小组争光,努力超越自己、争取进入上一层次等观念,逐步内化为学生自觉的意识和行动,竞争意识明显提高,进取心大大增强。尤其是原来表现差、成绩差,对学习、对自己已失去了信心的学生,小组合作学习能够很好地对后进生做帮扶工作,而且效果非常明显。因为通过小组合作的自主管理,建立有效的竞争机制,使学生在学校的学习生活中形成同奖同罚,荣辱与共的观念。这样,在同一个小组里,每个成员的进步或退步不仅仅只是个人的事,而是与整个学习小组的集体利益密切相连,这样就促使各小组人人自觉学习,互相帮助,互相督促,优势互补,共同提高。

班级小组的成立增强了合作意识,增强了班集体的凝聚力。要争取小组的优胜,学习小组的成员必须通力合作,每个人都发挥自己的特长,帮助同组的其他同学,从而在组内形成一个合作的氛围,同学间互帮互助、团结的合作意识大大增强。这种合作意识在教师的正确引导下,能非常自然地迁移到每个学生对待班集体的态度上来,从而使班集体的凝聚力、号召力大大增强。

二、1+1 = ∞

班级小组合作学习能培养学生的团队精神和责任感,扩大参与面,提高学生自主探索的能力,弥补一个教师难以面对有差异的众多学生的不足,形成小组合作竞争机制,有利于班级的管理与建设。具体开展过程如下:

1. 建立小组

班级合作学习小组的建立是活动开展的基础,对今后的班级管理工作起了决定性的作用。因此,班主任首先要了解每位学生的学习情况、行为习惯,再将学生进行分组。要使各组搭配合理、均衡,就要考虑到学生的学科成绩、班干部在小组中的分配、学生的性别等。为了进一步激发学生的积极性也可以由学生自由组合,但教师一定要做好引导,确定好组长,避免各组之间差距太大而失去竞争的意义。也可以随着时间的推移,通过对学生的进一步了解,比如和各组长的不断沟通、和学生的平日交谈、及时了解学生各科的测试成绩等形式,然后再对各小组的成员进行微调,基本保持最初所分小组数量的稳定不变。

2. 制定规则

在班会课上,群策群力,让学生多想多谈,一起制定小组考核制度。考核内容具体分为学习成绩、常规考查、获奖情况、其他四大项内容,对应扣分和加分两种考评方式。

"学习",不仅是针对课堂听课情况、测试,也包括作业上交、每天订正是否及时。没交齐作业的小组固然要被扣分,但上交的质量也要相应考查。每科课代表手中有一份表格,用于统计每日各组作业上交数量和质量,然后汇报至学习委员处,学习委员汇总每日各组所有学科作业上交的情况,出现一个问题扣一分。另外,根据月考、期中、期末考试成绩,对于有明显进步的、成绩突出的学生要进行加分,从而激发他们学习的动力,激发他们为小组加分的动力。如果学困生比较多的小组,为了鼓励优等生帮助学困生,避免组与组之间缺少合作和互助,可以对日常行为给予学困生帮助并辅导的学生适当加分,从而形成"一个都不落下"、相互竞争、积极向上的学习氛围。

"常规",包括值日、课间休息、两操、卫生、文明用语、是否迟到等中学生日常行为规范。不仅靠教师一人监督,还包括值日班长、班干部的记录和全班同学的监督,凡是出现一个问题,该生所在的小组就将被扣1分。相信每个班级中都有一部分"不坏"但"管不住自己"的活跃分子,他们的自制力差,自律性不强,所以小组评价中的这一项就时刻为他们敲响警钟。

"获奖情况",是个包括面很广的项目,不单单指学校组织的竞赛活动,还包括代表学校参加的各项比赛、活动,区、市各级组织举行的各项竞赛活动,以及对于班级的贡献率或者好人好事。鼓励学生多参与校级以上的活动,培养学生的兴趣,促进学生全面发展。

"其他",是除了以上内容以外的突发事件、严重违纪事件等,这项内容使评比更全面、丰富。

3. 要加强调控,及时评价、激励

强调学生间的合作,并不是忽视教师的主导作用,教师始终是合作小组的组织者、引导者和参与者。在合作过程中,教师要深入小组、参与其中,掌握各小组情况并及时调控,保证班级小组合作学习有序、有效地展开,避免小组过度竞争,造成各组之间只竞争不合作的局面。特别是要注意调整学习与工作的重点,始终把握学风、班风的整体导向,防止出现意外、混乱、困难的局面。

考核规则一旦制定,便由班干部和各小组长严格监督,具体由班长记载各小组积分进展情况,积分在班内以表格呈现,每天做好反馈、记录,一月汇总并评比一次,使每组都明白本组在全班的位置。学期结束,评选出本学期最佳小组,最佳小组成员自动成为优秀个人,成为三好学生或优秀团员候选人。及时反馈、评价、激励对班内合作学习起着至关重要的导向与促进作用,有利于让各个合作小组充分展示成果,进一步内化规范自己的行为,找出发现问题与解决问题的最佳策略。

三、"1+1"齐步走

比如我班的小张同学,是班里的副班长兼英语课代表,管理能力强而且愿意去管理班

级事务和帮助学习困难学生。在班级合作学习小组中她自愿担任组长一职,每天主动关注学困生的学习情况,时常在教室里听到"小朱,英语默写可以订正了","小朱,哪些题目不会做,我来教你","老师,能不能把小朱的位置换到我旁边,我教起来方便点"……正是她的行为感染了周围的人,组内才能形成互助、互进的氛围;她的行为成为其他小组学生学习的榜样。

班主任是班级管理的引路人,而学生是班级管理的主体,组长是班级合作学习小组的主要角色,每个组长就是每个组的领头羊,这个组长应该是能力比较强的学生来担任。但如果许多事情都落在这一个组长的身上,那他们的工作不亚于一个班主任,这样他们会因为小组中的许多琐碎工作而耽误了学习,因此我在每个组增加了一个副组长。两个组长都是在小组中各方面能力比较强的学生,而且两个组长的人选必须得到他们所在小组成员的认可方可担当,也就是说这个时候班主任必须尊重学生的意见,组长是他们自己推选的,是征得学生的同意才任命的,班主任是绝对不可以自作主张的。班主任要让全体学生干部和学生积极参与管理,千方百计调动他们的积极性和创造性,充分发挥"火车头"的带头作用,培养他们独立自主的精神和自我管理的能力,这样的集体才会充满蓬勃朝气,这样的集体才会变得积极向上。

比如我班的小吴同学是六年级从外地转入的学生,几乎没有英语基础,六年级几次英语考试下来都在30分左右。进入七年级,班级开展合作学习小组后,她在小组同学的耐心帮教下,从听不懂英语单词,不参加英语听力默写,到每次默写都在70分以上,上课也经常积极回答问题,作业每次都能完成,学习兴趣逐渐提高,在最近的月考试中成绩有了非常大的进步。

利用小组的积极作用去帮教后进的学生,发挥了学生集体智慧的作用,胜过班主任和科任老师的单薄力量。因为在小组的集体中,充分利用和发挥了集体的舆论作用,集体的力量是无形与强大的,后进生在这种氛围中就会逐渐产生一种对集体的归属感,就会产生与集体密切相关联的荣辱感。对小组的其他成员而言,学会了彼此尊重,学会了互相帮助,学会了发现自我,学会了认识自我,共同分享成功的快乐,他们的主体地位被大大地肯定与提高。

总之,班级管理策略成功与否,主要取决于班级中学生主体作用的发挥、合作精神的体现。班级小组合作学习的管理使学生尝试到了学习的乐趣,体验到了参与合作的快乐;学生的集体荣誉感有了极大的增强,培养了团队的协作互助精神。学生在合作中逐渐学会了尊重,学会了倾听,也逐渐学会了如何与人交往,如何做人等等。这些优良品质的形成,为他们适应未来社会打下了一个良好的基础。

(撰稿者:黎挺)

教师是学生的镜子,学生是老师的影子

"快乐学习,自能发展"提示:

给孩子一些问题,让他们自己去发现。

给孩子一些问题,就是说在课堂上,教师要给学生提供相互交流、相互协作、共同参与的机会与环境,要把问题交还给学生,留给他们思考、解决问题的时间,从而使学生在解决问题的过程中,发展解决问题的能力和实现知识的建构过程,从中感悟获取知识、获得成功的喜悦。

一、发明千千万,起点是一问

物理课堂中"给问题"的内涵主要表现在:给学生更贴近实际的问题,给学生具有一定探究空间的问题,给学生时间和空间,鼓励学生提问。总之,学习的过程是自我建构、自我生成的过程,不能把课堂教学简单地看成是知识由外到内的输入过程,更多地是帮助学生把知识在一定环境下自内而外的"生长"。因而,在教学的过程中,尽可能地给学生一个充满活力的学习氛围,让他们乐于在学习中以积极的问题解决者的身份出现。

新课程标准指出"以学生发展为主体,让学生参与教学是课程实施的核心","教师是学习活动的组织者、引导者和参与者"。根据新课程所确定的培养目标和所倡导的学习方式

要求教师必须转换角色,正确地摆正教师、学生和教材的位置,立足于学生的发展,从而形成师生相互沟通、相互影响、相互补充的"学习共同体"。我们必须认识到:当学生迷路时,教师不是轻易地告诉他方向,而是引导他辨明方向;当学生登山畏惧时,教师不是拖着他走,而是组织团队一起走;无论何时,教师始终陪伴在学生身边,不断地激起他内在的精神力量,鼓励他不断地向上攀登。因此,在物理教学中,教师应有效利用提问的方式来提高课堂效益,有效的问题不但可以活跃课堂气氛,激发学生学习的兴趣,了解学生掌握知识的情况,而且可以开启学生心灵,诱发学生思考,开发学生智力,调节学生思维节奏,与学生建立起情感的双向交流。

对于初中的物理教学,时间紧、任务重是我们面临的一个现实问题,因而高效的课堂是我们在教学中一直在追求的重要目标。课堂上如果只是老师讲学生听,学生就很容易松懈怠慢、各行其是,无法真正参与到课堂中,课堂的高效也就不可能实现。当然如果单纯依靠教师增强自己讲解语言的生动性或课堂纪律的强化来保证学生的注意力,那肯定也是不够的。

著名教育家陶行知先生说:"发明千千万,起点是一问;智者问得巧,愚者问得笨。"课堂提问是物理课堂教学的重要手段之一,是教师开启学生心智、促进学生思维、增强学生的主动参与意识的基本控制手段。准确、恰当、有效的课堂提问才能激发学生的学习兴趣,更好地提高课堂教学效率。因此好的课堂提问就是一种教学技术。

二、教师是学生的镜子,学生是老师的影子

问题是教学活动的核心,没有问题的存在,教学就无法进行;什么样的问题,就决定什么样的思考;思考决定行为。教师提出的问题要能引发学生的质疑、探究、发现,让学生在质疑、探究、发现中获得知识和经验。那么,我们在课堂上应该给学生哪些"问题"呢?

1. 给学生更贴近实际的问题

注重科学技术与社会的关系,是当今世界科学教育的大趋势。科学技术是人类创造的,它在促进社会发展、改善人类生活水平的同时,也带来了环境、资源等许多问题。我们

过去的物理课程基本上是就科学论科学，只是在概念、规律层面进行演绎，对于科学的现实意义很少涉及。实际上，物理知识在科学技术领域的应用，特别是在日常生活中的应用例子，是很好的教育资源。

夸美纽斯说过"不了解其用途的知识，对学生来说无异于来自其他世界的怪物，学生会毫不关心它的存在，更不会产生掌握它的需求"。教师应该重视知识点的产生过程，在导入教学的过程中尽可能地选取一些富有时代气息的、贴近学生生活实际、为学生所熟识和感兴趣的、能引起学生积极思考的材料，这样才能通过灵活运用生活、生产和科学技术应用的实例，使得学生感受物理在生活中的存在，进而对物理产生浓厚的学习兴趣。

常常听学生说，物理上课听得懂，下课不会做；也常常听老师说，我已强调多少次了，已分析得够透彻的了，学生还是不明白，一副茫然不知所措的样子。产生这些问题的重要原因是教师没有一个全局观念，只重视备教材，而没能静下心来认真备学生，所提问题对学生的能力培养不够，学生在学习过程中缺少主动性思维而变成知识的被动接受者，教学效果不理想。因此，在物理教学设计中，特别要重视挖掘教材联系生活，问题提出要紧扣教材，充分体现教学目标；同时也要结合学生实际，备好两头课（教材和学生），让重点、难点突出；教师通过挖掘教材，以问题为契机，精心设计，释疑解惑，帮助学生完成学习目标。

2. 给学生具有一定探究空间的问题

不是什么事情、什么问题都需要探究的。对于初中生来说，浅显的问题学生没有太大的热情来探究，只有那些真正有探究价值的问题，有一定思考空间的问题，才是真正值得探究的问题。由此可见，要想让学生真正地探究学习，问题设计是关键。问题从哪里来？一方面是教师设计，一方面是学生提出。接下来我们先研究教师应如何设计具有探究空间的问题。

教师要想设计出具有一定的探究空间的问题必须从内容和形式两方面去努力。

（1）在内容上，教师设计的问题必须符合维果茨基的"最近发展区"理论。前苏联教育家维果茨基在谈到教学和发展的关系时，提出了"最近发展区"的理论。他认为学生有两种水平，一种是学生现实所具有的水平，叫现实水平；一种是在教师引导下学生所能达到的水平，是潜在水平。教师在设计问题时，一定要把问题落在"最近发展区"，这样的问题是最具有探究价值的。

（2）在形式上，教师要从教学目标出发，更多地设计一些发散类和探究类问题。从问题涉及的内容看，我们把问题分为四类：一是判别类问题。主要是对事物加以判断，代表性词语是"是不是"、"对不对"。二是描述类问题。主要是对客观事物加以陈述和说明，代表性词语是"是什么"、"怎么样"。三是探索类问题。主要是对事物的原因、规律、内在联系加以说明，代表性词语是"为什么"、"你能从中发现什么"。四是发散类问题。主要是从多角度、多方面、多领域去认识客观事物，代表性词语是"除此之外，还有哪些方法"、"你从中体会到了什么"这类问题最根本的特点是答案不唯一。

3. 给学生时间和空间

学生真正获得了时间和空间，才真正落实了学生的主体地位，才有可能是自主学习。那么，在教学中如何把时间和空间还给学生？

（1）教师要少讲、精讲。学生能自己学会的不讲，学生通过合作学习可以理解的也不讲。

（2）教师的讲应是引导、启发、提出思考的方向，不是直接告诉答案。

（3）给学生独立思考的时间，让学生自己学习、探索。没有独立思考就进行合作学习，合作学习将流于形式，质量不高；做有准备的讨论交流，才是高质量的交流。在学生交流前，教师给5分钟独立思考时间，然后讨论交流、效果会更好。

（4）提出一个探究性问题，留给学生思维的空间。教师设计一个探究性的问题，学生便通过猜想、设计实验方案、评价方案和实验操作等环节，最后得出结论。如果教师缚束了学生思维的空间，学生的思维就不会得到发散。

4. 鼓励学生提问

尊重学生，给他们一个敢于提出问题的"胆"。学生不敢向教师提问的第一个原因是他们没有"胆"，尤其是对基础差胆量小的学生，要在课堂上提出问题的确不容易，因为他们承受被教师指责和惹同学发笑的风险。要激发学生创新的意识首先就要学生提问。因此教师的语言要传递使学生自信的价值观。鼓励学生提问，谁在课上敢于提问，就要受到表扬；

如果谁提的问题让教师三思而后答之,这就更好了,因为这个问题有深度。通过这样的鼓励就会使学生敢于把内心的疑问大胆地提出来,充分调动学生自主学习的主动性和积极性,培养学生的创新精神。

鼓励学生,给他们一个勤于提问题的"心"。学生不敢向教师提问题的第二个原因是他们不愿提。这部分学生大多对学习目的性不够明确,学生积极性没有调动起来,他们在课堂上总是当"收音机",不想在课堂上开动脑筋主动提问。在教学中要善于传设某种问题情境,把问题隐藏在情境之中,激发学生想问的积极性。

三、从问题中感受生活

例如,在教学"电流表的使用"时,以往的教学设计是把电流和电流表的使用放在同一课时中教学,但效果不太好,感觉教学内容太多,电流的定义、单位、单位换算等学生不太容易理解,而且作为电学基本仪器——电流表,能让每一位学生学会正确使用是相当重要的,本课时的内容同时对下一课时"电压表的使用"也起到很好的指导作用。

在确定了本节课的教学内容后,我便开始思考如何进行新课的导入,使本课能够更好地起到承上启下的作用。由此,我设计了一个问题"我们可以从哪些方面来了解电流这个物理量?"引入新课"电流表的使用",起到了"一箭双雕"的作用。然后,通过活动、讨论交流、阅读课本等学习方式让学生知道电流表的使用规则,然后通过"研究串联电路中电流的特点"为载体,让学生在活动中提高使用电流表的技能,也为后面的"串联电路的特点"设下伏笔。由于学生学习能力的差异,对思维活跃、知识和技能掌握较好的学生可以适当拓展,通过探究"并联电路中电流的特点"提高他们学习的兴趣和探究的能力。在活动中通过结合课本知识、分析出现的问题、小组间的协作活动、师生和生生间的互动和质疑等形式让学生积极参与教学中,从而提高学生学习的自觉性和能力,达到主动学习的目的。

再者,我们在设计物理课堂教学时,应善于创设物理情境,并将学生引入一种与物理问题相关的情境中,诱发学生产生探索的欲望。同时以解决问题为中心,引导学生体验知识与技能的形成过程,通过体验探究过程,使学生自己尝试发现问题、提出问题、分析问题、创造性地解决问题,提高学生学习的互动性。

例如，在学习"浮力"时，我们对"浮力"的教学设计如下：体验浮力的存在，测量浮力的大小，探究影响浮力大小的因素。

问题1：当你步入游泳池的水中，并"悬立"于水中时，会有什么感觉？

问题2：引出：水中的人为何有如此感觉？

探究1：通过用手向上托悬挂在弹簧测力计的重物使其示数变小，引导学生类比得出：人浸在水中的感觉是因为人受到水对他向上的托力作用，从而得出"浮力"概念以及方向。

可见，情境的创设为学生对问题展开猜想提出必要的事实依据，体验感受事物本质，从而理解科学以及感悟科学。在情境创设的教学过程中，联系生活中的物理现象，充分发挥学生的观察能力，在教师的引导下，通过实验帮助学生掌握概念，充分发挥学生的主观能动性，打造高效的学习互动。

在物理课堂教学中应依据"三维"目标要求，确定重点难点，根据学生的知识水平、接受能力与心理特点，找出能诱发他们思维的切入点。课堂提问应富有启发性，使学生能够通过开动大脑、积极思维后获得正确的结论。学生只有通过自己的思维劳动取得成果才会感到由衷的喜悦。这样的问题才会点燃学生思维的火花，使教学由学生的被动接受知识转变为学生积极、主动地钻研。只有这样，才能充分发挥提问在物理课堂教学中的真正功效，促进学生物理思维的发展与创新能力的提高，有效地优化物理课堂教学。

（撰稿者：杨雪汀）

让孩子们飞翔在蓝天之上

"快乐学习,自能发展"提示:

给孩子一点自由,让他们自由飞翔。

给他一点自由,就是在课堂上,教师要给学生提供言论的自由,行为的自由,充分表达自己想法的自由。然而,我们都知道"自由"是辩证的,不存在没有约定前提的"自由"。因此,作为教师,如果想要孩子未来获得所期望的"自由",那么首先应该培育的是他们强大的"分析能力"、"主动思维能力"、"自控自抑能力"、"责任感"等,只有这样才能使孩子在未来的生活中获得更多真正意义上的"自由"。

一、给孩子一片自由飞翔的天空

作为教师一定要充分认识到孩子因为成长的需要而进行自我努力的积极性。只有教师在充分认识到这种积极性的同时,才能让孩子作为一个鲜活的生命体在成长的过程中获得自由发展。

首先,教师和孩子在人格上是平等的,不要用自己以往固有的观念来要求和看待孩子,要能坐下来与孩子眼睛平视,耐心去听听孩子的心声,从心理上要与孩子感觉是平等的,不是居高临下。只有这样,你才有可能了解孩子的世界。而给孩子充分的自由,最基本的就是给孩子吃的自由和玩的自由。在孩子不想吃学校的午饭时不要逼着他吃,午餐结束后就一定不给吃的了。不要限制孩子玩的自由,不要嫌脏怕危险怕冷怕热怕这怕那而束缚孩子的行为,过于严厉的管束限制孩子的活动,要让孩子充分享受沙子的细腻、水的动感和韵律,让孩子自由玩他喜欢的东西而不去干涉他,教师只在旁边欣赏他或者跟他一块疯玩。因为对孩子们来说,孩子需要自由,童年需要快乐,试想一下:长期生长在温室里的花朵又怎么能勇敢地面对风雨呢?扼杀了孩子的自由就等于扼杀了他们童年的快乐。在面对自由的时候,作为教师,最好能给孩子们一点空间,因为自由和充分的信任将有助于孩子形成对周围世界的信任感。

其次,营造氛围,激活孩子的创新思维。孩子的创新比成年人甚至科学家的创新更加可贵,每个孩子都有创造的潜能,每一个孩子都是创造之人。而培养孩子的创新能力,是建立在丰富的感性实践基础上的。于是,我们试着从角色游戏、结构游戏、表演性游戏等方面让孩子体验快乐。

再次,在规则中给学生自由。怎样立规矩是很多教师比较头疼的一件事,给学生立规矩,一定要简单易懂,让学生容易遵守。因为学生理解能力有限,自控能力也不强。同时立下的规矩,教师首先要自律,无论时间地点场合,都要遵守,不能在家一套,在外一套。但是自由并不意味着事事都依着学生,不约束不管教。当学生刚进校时,常常会缺乏足够的自我约束力,当提出不合理的要求,出现任性、无理、不守秩序、乱闹乱打、被禁止的行为等等时,也要给他们自由吗?当然不是。给学生自由并不意味着完全放任,而是要让学生学会辨别是非,知道什么是不应当的行为。所以教师可以为学生立一些基本的规则如:预备铃声响起后要回到座位,保持安静。自己的清洁区要打扫干净。每天的作业要及时完成。文明礼仪要时刻遵守,不损坏公物,遵守交通规则等等。

当讲规则时,要把它讲清楚,不要简单粗暴地命令学生,更不要摆出强权嘴脸——"别废话,我怎么说你就怎么做"。不要以为学生小,什么都不懂,教师讲的道理也许他一时不能完全领会,但是平和的语气和尊重的态度,会让学生信任教师的判断,顺从教师的要求。

总之,为了学生,我们教育者应当给孩子一个自由发展的空间,使他们的想象力和空间发展能力得到更好的发展。让学生能自由来支配自己的时间和活动,同时自由应建立在尊重学生客观发展规律之上。只有尊重学生,给学生合理的自由,让学生的思想、双手、时间、空间获得自由，学生才会发展独立的人格，进而发展自由的思维，自由决定自己的行为，培养自己的责任感和自律意识，进而养成良好的个性品质。

二、我可以飞得更高

开学时，就有不少老师向我告状，说我们班的小卢同学成绩差，行为品德也差。他会在上课时不经过老师同意，就随便进出，上课开小差、说话、搞小动作，特别是自习课，搞小动作、说话现象更多，甚至在自习课上打游戏机，和同学的关系也不太好，自我中心意识太强，纪律观念、集体观念都比较淡泊，贪小便宜，对值日工作不认真负责，都是应付了事，老师批评他，他会拒不承认并顶撞老师。课间他会往楼下扔垃圾，用夹子夹女生的头发。

一天晚自习课上，他用文曲星玩电子游戏，我从后面走到他的身旁，他仍浑然不觉，我没收了文曲星并把他叫到了辅导室，他一副漠然的神态站在那里，似乎对此已司空见惯。我非常生气，觉得他真是一个无可救药的孩子。于是，我要求他每天晚上留下来抄写古诗。但结果是，只要我一个不留心，他就偷偷溜走了。就算他被我留下来，也是一副无精打采的样子。我反复思考，决定改变策略。

一天他又从家里拿来了一个游戏机，还放在教室里充电，被任课老师当场没收。这次，我并没有骂他，我搬了一张椅子叫他坐下，他不情愿地坐下了，我就和他聊了起来，问他是不是很喜欢玩电子游戏，喜欢玩什么游戏，甚至还与他一起"对打"了一局。最后我对他说："你的游戏机还给你，下一节是自习，你去隔壁的空教室玩一会儿。""那晚自习怎么办？"小卢问我。我说："晚上我给你补。"过了半节课他来到我的办公室，说："老师，这个游戏机你帮我保管吧，我还是去上课吧。"从他的这句话中，我感到了他的心是诚恳的，我鼓励他说："知道自己错了，就应下决心改过来，改过来了，用功搞好学习，我相信，你一定会取得进步的，我坚信这点，知道吗？"他默默地点了点头。

后来，我又不止一次给他做思想工作，在深入的接触后，令我意外的是，一个被所有老师认为是无药可救的学生，他其实很聪明，很有想法，但是逆反心理非常重，老是顶撞老师。

2 解放
让孩子们飞翔在蓝天之上

他明白自己的不足,知道自己的错误,他很想去改变,但是由于小时候没有养成良好的学习习惯,基础又差,他没有很强的控制力和毅力,所以他感到很辛苦……于是我适时地帮他分析,并且引导和鼓励他。虽然成果不是很大,但是现在他有什么心事都会和我谈。还有一次,我去他家里家访,他说了一件很惊讶的事情给我听,就是我们班的小李同学去小孟同学家里玩游戏,玩到凌晨三点才回家……说了很多。我问他,不怕我跟同学说是你告诉我的吗?他却说了一句话:"我觉得老师会帮我保密的!"他的话虽然很简单,但是我很有满足感。

现在小卢的成绩仍是班级里最差的,但是他非常黏我,每天放学后,他要跑到我办公室,大声跟我说"老师再见"。犯了错误后,虽然嘴上不承认,但会通过行动去弥补。

我的努力总算没有白费,在这次的月考中,小卢的语文成绩59分,虽然没有及格,但对他自己来说,却是有史以来最高的成绩。

用我们的爱心,用我们的真心,用我们的热情,来重新审视一下我们的周围。其实,所有的学生都想做好孩子,虽然有些同学成绩不好,常常犯错,但作为教师,不能一味地责怪,发生事情后,多了解一下事情的原因,会发现,其实真相和你想象中的差别很大。学生违反了学校纪律,当然要批评教育,但是尽量给予他信任,给予他自由。无论采用何种方式,对学生都应该出于一种爱心,有了爱心,就会选择恰当的方式,使学生在批评中感到老师对他的关心和爱护,而不仅仅是指责,这样,学生就易于接受,易于改正错误行为。由于惯性,虽然批评教育一两次不能把他彻底改变,但是,只要出于爱护学生,相信学生一定会不断改进,不断进步的。

(撰稿者:朱凤佳)

3 真诚

爱,是教育的前提,而且这种爱应是真诚的、发自内心的,让孩子们能感受得到的。教师之爱应是透彻的爱,是不含杂质的爱,是宽容而不纵容、关心而不包办、严管而不强制的爱。教育的真谛,就在于以仁爱之心点燃梦想之火,以信任之剑斩断心灵枷锁,以唤醒之手开启灵魂之门。只有这样,学校才能化知识为智慧,使文明积淀成人格;只有这样,教育才能焕发出人性的光辉,释放出巨大的能量和持久的效力。

想说爱你,很简单 / 073

爱在点滴细微之处 / 082

同一起跑线,我们一起奔跑 / 087

不一样的孩子,不一样的赏识 / 093

让学生"舞出"生命的华彩 / 100

真诚，是人类的一种精神美德，也是教师在教育中的一种美好品质，具有极大的向心力和号召力。真诚，是心灵沟通的桥梁，驾驭真诚，才能迸发出信赖的火花。对于十几岁的中学生来说，他们虽然叛逆，但思想并不成熟。他们有一颗纯真善良的心。如果教师以真心、诚心相待，他们能感觉到教师的关爱和尊重，并且也会把真心袒露给教师。教育是教师们与孩子们心灵接触的过程，真挚的师生情孕育在爱心中，这就是教书育人的哲理。

著名教育家陶行知先生说过："真的教育是心心相印的活动，唯独从心里发出来，才能达到心的深处。"真诚，是人生的力量，也是作为教师需要学习的目标；教育的内涵离不开真诚，所以教育最重要的是要用真诚的心付出，为社会培育良材，如此才会展现出文化的气质，以及美的境界，这是每位教师应当有的心愿和使命。

霍姆林斯基也曾说过："学校里的学习不是毫无表情的把知识从一个头脑装进另一个头脑里，而是师生之间每时每刻都在进行心灵的接触。"真诚是联系教师和孩子们之间的纽带。教师对优等生爱得深，对后进生更应该爱得真，将严格要求渗透在爱之中，像琴师操琴一样在后进生的心弦上刺激他、安慰他、鼓励他，奏出动情的曲调。也唯有真诚地爱孩子们，才能看见他们身上的闪光点。也唯有深切地爱他们，才能耐得住心烦，包容他们，坚持不懈地感化他们。爱学生，就必须走进学生的情感世界，把自己当作学生的朋友，去体会他们的喜怒哀乐，当一颗真心袒露在孩子们面前时，那么最有效地教育也就慢慢形成了。离开了真挚的情感，一切教育也就无从谈起。

真诚，才可以"润物细无声"；真诚，才能让孩子感知到你真的在乎他，那么他就不会对你太失望；真诚，才能把你的精神能量渗透孩子的心田里，焕发孩子内心的温度与热情，从而引爆孩子的潜在能量；真诚，意味着放下所谓的师道尊严，要站在太阳下面才能托起明天的太阳，为孩子自然生长播种希望。

以心换心，用真心教育孩子，用心给孩子一片温暖的未来！

想说爱你,很简单

"快乐学习,自能发展"提示:

给孩子一些情境,让他们主动听说写。

目前,我国新一轮课程改革正处于实施阶段,《义务教育语文课程标准(2011年版)》(以下简称《语文课程标准》),对写作、口语交际、综合学习等方面都提出了清晰的要求。但纵观我国中学生的写作现状,是"生存写作"压倒"生命写作";我们初中写作的教学现状,是几乎"不作为"、"无作为"。这向初中语文的写作教学发出了回归真实生活的信号。让写作回归本真,让写作回归真实生活,势在必行。

我们在比较中外写作教学的过程中,在分析了教师写作教学"三缺"(缺写作内容,缺写作指导,缺写作教学观念)和学生写作学习"三缺"(缺积累,缺生活,缺方法)的情况后,确定以课文学习为基本,以真实写作为目标,以"口语交际—微型作文"为突破口的真实写作教学模式,期望将口语交际能力和听说读写能力有机结合,形成能够提高作文过程指导有效性的写作策略,形成能够激发学生真实写作热情和培养学生真实写作能力的教学模式,形成生动和谐的写作课堂。

在实践研究中,我们逐步形成了"口语交际—微型作文"真实写作教学模式三大原则:目的性原则、人本性原则和实践性原则。在课题的实施阶段,我们又根据学生呈现的不同现状，在实验年级开展不同形式的、有针对性的真实写作策略教学实践，教师观察和记录项目实施效果，不断反思、总结，开发适合学生特点，激发学生"愿写"兴趣和"会写"能力的写作策略；同时采用个案研究法，进行针对性的研究。我们主要形成了三大策略，即初二年段序列性情境化"口语交际—微型作文"的训练策略，基于写作教学有效性的同课异构实践策略和基于学生语言材料积累的真实写作教学策略研究。从而解决了学生的生活缺失、积累缺失，解决了教师对"说""写"结合缺失、写作教学内容缺失等问题，较好地开发实践了真实写作教学模式。

在初二年段序列性情境化"口语交际—微型作文"训练策略的实施阶段，我们进行组内的整体设计，体现策略的整体性和序列性、针对性；借鉴国外成功案例，进行课堂实践，检验策略的可操作性；为学生开拓口语交际的渠道，创生实践生活的机会。

一、"给情境"让写作不再是难题

为学生的"口语交际—微型作文"设计序列性、整体化的情境，为学生的"口语交际—微型作文"提供课堂实践的情境，为学生的"口语交际—微型作文"创造实践生活的情境。

7—9年级《语文课程标准》明确指出"写作要感情真挚，力求表达自己对自然、社会、人生的独特感受和真切体验"，"力求有创意地表达"，"能注意对象和场合，学习文明得体地交流"，"讲述见闻，内容具体、语言生动，复述转述，完整准确、突出要点"等，这就为写作教学提供了理论基础。

杜威曾说："其实我们并没有所谓的一般的看、听或记忆的能力；我们只有看、听或记忆某种东西的能力。"离开训练所用的材料，一般的心理的和身体的训练全是废话。王荣生老师也说，笼而统之的听、说、读、写能力是没有的，能力与所听、所说、所读、所写联系在一起，体现在达到具体目的的听、说、读、写的活动中，也存在于具体的活动中。不同的目的，不同的所听、所说、所读、所写，合成听、说、读、写的不同方式。那么，我们就要回到"真实写作"情境，就要强调"交际语境"。

二、"给情境"其实并不是一件难事

1. 序列性、整体化的"口语交际—微型作文"的情境训练

情境化"口语交际—微型作文"训练的设计,以听、说、写三者为根本,每一次听、说、写的基本要求具体,强调有序列,贴近学生的生活情境。而对于"读"的要求因为主要体现在具体的教学目标中,所以训练设计里并未重复体现。另外,因为学生的微型作文的话题来自课文,作文的范例也来自课文和学生的习作,交际的情境和对象与课文相关,与生活实际相连。这样安排,学生在作文训练过程中,就能十分自然地反复学习课文,既巩固了课文学习,又理解了交际要领,关注了生活,更重要的还是学生口头作文能力的提升,以及书面作文能力的提高。

2. 借鉴成功案例,进行课堂"口语交际—微型作文"的情境实践

我们在研究"口语交际—微型作文"与真实写作的关系过程中,发现国外母语教学的成功教学案例都更关注在课堂教学中营造真实的生活情境,让学生实践后再自己总结交际经验,然后激发发现真实生活中的人、事、情、理,再进行写作创作。这种学生自主体验感悟式学习,能够产生互动互助合作学习的成效,能够让学生学以致用,能够提高学生的学习能力和创造性。于是,在训练设计的同时,我们还借鉴这些教学案例,尝试移植到我们的写作课堂里。

3. 开拓口语交际的渠道,创生实践生活的情境

(1) 以各级各类活动为契机,增加学生体验生活的机会,实践口语交际能力。

作为上海市语言文字示范校、上海市科技教育特色学校,学校参加各级各类语言文字活动和科技活动的机会较多。我校设有科技节、读书节、艺术节、国旗下讲话、语言文字示范周等传统活动。作为张充仁纪念馆"爱国主义教育实践基地"共建单位,我校学生还有成为张充仁纪念馆志愿者讲解员的机会。这些都为学生实践口语交际能力提供了平台。如我们的学生自创诗歌《我的航天梦想》,参加了"航天闵行、志在腾飞"闵行区文艺表演选拔赛,洋溢自信的表演,获得了三等奖;2011年校园读书节上,陈依楠同学自创并朗诵的《我心

目中的好老师》斩获一等奖；王瑾带来的《一代大师——爱国情深》获得了演讲比赛第一名。

（2）以俱乐部等拓展课活动为平台，拓宽学生体验生活的渠道，实践口语交际能力。

学校除了"蒲钟"文学社、"小小主持人"俱乐部，还有校园电视台、广播台、校报等多种拓展课程，我们鼓励年级里的学生积极参加此类课程的活动，体验不同生活，参与不同的口语交际。如科技俱乐部在学校科技展馆建成之后，招录校园科技展馆的解说员，年级里的学生踊跃报名，有四位同学光荣地成为了第二批航天馆、模型馆、生物环保馆、荣誉馆解说员，并承担了解说词的撰写和解说，在后来的各地各级领导视察中及新加坡等地学生校际交流期间，他们都作出了精彩的解说。

三、"给情境"找到打开写作之门的"金钥匙"

初二年段第二学期的序列性情境化"口语交际—微型作文"训练设计和学生作文的呈现。

训练设计

单元	篇目	生活情境	"口语交际—微型作文"要求	写作要求
第一单元	笑	面对母亲（或其他亲人）的微笑……	听：注意倾听他人，能够听清他人的表述 说：能够口语化地描述主要人物的微笑 写：基本能够运用人物肖像描写	半命题作文：那一双_____的眼睛 要求：运用人物肖像描写，赋予眼睛一定的内涵
第二单元	我不是懦夫	让人担忧的考试成绩出炉了……	听：注意倾听他人，能够听清内容，听懂弦外之音 说：能够口语化地描述人物，表现人物心理，注意语音、语调、语速 写：基本能够运用人物心理、动作描写	命题作文：记录自己最近的一次面对小挫折或克服小困难的经历，题目自拟 要求：抓住人物面对挫折或克服困难前后的心理变化
第三单元	诉衷情·破阵子	当我们面对五星红旗时	听：能够在倾听的基础上，互为补充 说：清晰地描述，表情达意 写：综合运用人物表现，表达人物的思想感情	命题作文：第一次值周护校 要求：综合运用人物描写
第四单元	罗布泊，消逝的仙湖	倡议：节能减排	听：能够听清他人的观点，做出及时的反应 说：能够围绕某一主题进行表述，注意语音、语调、语速 写：观点明确，有理由即可	写一份"节能减排"倡议书 要求：符合倡议书格式，观点明确，理由较充分，注意逻辑性

3 真诚
想说爱你，很简单

续表

单元	篇目	生活情境	"口语交际—微型作文"要求	写作要求
第五单元	短章一束	朗诵：我最喜欢的诗歌	听：能够投入地倾听，希望能引起一定的共鸣 说：语音最好能富有表现力，适当加入手势，以更好地表达诗歌的情感 写：创作一节关于生活小诗	命题作文：生活告诉我 要求：开头能用诗歌体
第六单元	劝学	劝说好朋友读书	听：区别观点和事实 说：进行劝说性发言，能够用较为充分的证据证明自己的观点 写：观点明确，理由较充分，有议论性语句	命题作文：在书海中遨游 要求：结尾有些许议论性语句
第七单元	陈毅市长	当我的发言被打断后……	听：基本能够边听边想 说：了解口语交际中的不同风格，以便应付会话中可能出现的交际冲突 写：能写出事情的冲突	命题作文：班级记事 要求：事情有一定的矛盾冲突
第八单元	变色龙	我想说说他（她）	听：听清他人说话的观点，做到能够回应、补充 说：准确说出自己的观点 写：能对文章中某一个人物进行评论	命题作文：她（他） 要求：写出人物的最大特征

学生习作一：面对母亲的微笑……

陈邦宪：听了这话，妈妈笑了起来，眉毛像弯弯的月牙，眼睛像眨眼的星星，两颊像绯红的云彩，就连眼角的皱纹都像盛开的菊花。她笑着，弯下了腰。我怪不好意思的，杵在那，羞红了脸。

李力文：爸爸见我认真地听着，他就愈发开心地说。瞧——他笑着，显得多么兴高采烈：两条"卧蚕眉"高高吊起，棕黑色的皮肤上沁出一条条深深的"沟渠"，粗糙的双颊向上揉着，把双眼眯成两条缝缝，眼角也露出长长短短的细纹，又粗又厚的双唇咧开，露出了那两排不整齐的牙。

学生习作二：他（她）

陈依楠：走到街的拐角，好像是雨天的缘故，行人很少。我啪嗒啪嗒地一路拖泥带水,走得很慢。"叮铃",自行车悦耳的清脆声,就如同穿透浓雾的灯塔之光一般,直接而清晰地传到我的耳畔。一个上了年纪的老人,举着自己如枯枝般的手臂,从我身旁骑过。我这才想起,这个姿势的含义——来自过去的含义。

那场是春雨。细细密密的像如今这冰冷的秋雨一般稠密,我侧坐在他"吱啦"作响的自行车后座上,眼前是他精瘦的背影。路的前面需要右拐,我不明所以地看着他慢慢地举起自己的右手——仍是精瘦的右手,缓缓地拐到了下个路口。细而密的雨丝打在手臂上,手臂切断了整齐划一的水帘,就这样拨开了雨,划开了我对他的记忆。

一个现在已经几乎见不到的、老套的手势,却勾起了我对于小时候他带着我一次次穿过雨幕的场景。伏在他的后背,是幼年的我小小的寄托,那带来了无以言语的安全感。那时精瘦的他,现在也如枯枝般令人心痛吗?

是什么拨开了细密雨?分明是他的那份安全感与恬静。爷爷呀!

以上习作是学生在课堂"口语交际—微型作文"的基础上进行的大作文中的片段描写,可以看出学生从熟悉的生活场景中,唤起自己对亲身经历的回忆,源于生活的创作也越来越丰富和精彩。序列性情境化"口语交际—微型作文"的训练让写作教学更有指向性,学习更有目标性,教与学的效果就更明显。

又如,在借鉴国外成功案例的基础上,我们结合学生的自身特点进行课堂情境实践。

案例 序列性情境化"口语交际—微型作文"训练教学设计之一

教学目标:了解会话交际中不同风格和使用技巧,以便应付会话中出现的交际冲突。

教学主要步骤:

创设情境,抛出问题:如果你正在阐述你的观点,倾听者却因急于表达自己的意见打断了你;或是因你的观点和他的阐述重复而打断了你,你会如何反应?

口语交际—微型作文：

(1) 选择话题，实际演绎

由学生提出一个会话的主题，例如体罚、公共场所吸烟等能激发学生兴趣的主题。

按照学生的不同意见分组，给时间准备辩论。

选择 2 名学生代表两组进行面对面讨论，但不允许在相同时间内发言，同时请其他学生专心听讲，并注意两位同学的反应。

再选择 2 名学生代表两组进行面对面讨论，但尽可能在同一时间内抢着发言，同时再请其他学生专心听讲，并注意两位同学的反应。

(2) 听与说的核心问题

两次对话有什么不同？

参加第一次和第二次讨论同学的体会，你更倾向于哪一组同学？

你如何与你的老师、你的同学和你的家人对话？

(3) 写

描写第一次或第二次讨论的画面，要求：写出双方的冲突感。

(4) 作业

完成作文《班级记事》，要求：事情有一定的矛盾冲突。

案例二 航天馆解说词

学生自创的航天馆解说词，解说词将自己置身于实际的场馆当中，恰当而准确地将学校科技特色和航天馆融合在一起。

各位老师，各位同学，大家好。普及航天知识，弘扬航天精神，培养学生的动手能力，促进素质全面提高，激励我们爱祖国，爱科学，爱航天，构建培养创造性人格，是我校航天科技教育的宗旨。我校航天人科技教育已经走过十余年不平凡的历程,逐步形成了我校航天科技教育特色。

各位领导(同学)大家请看:这是长征2F捆绑式火箭,这四个小火箭捆绑在大火箭上,里面都装满了液氢燃料。当四个小火箭燃料燃烧完之后,它们便会自行脱落,然后两节主火箭中的燃料将依次继续燃烧。同样,这两节主火箭燃料燃烧完之后,也会先后脱落。

此时的火箭已经达到第一宇宙速度,当航天器以第一宇宙速度运行,则说明该航天器是绕着地球轨道运行了。此时整流罩也分离成功了,飞行中,整流罩能保护飞船免受热和气流的作用。

大家请看这里,这便是放大后的宇宙飞船模型:两侧的太阳能板利用惯性自行展开。最上面的是轨道舱,这是返回舱,下面的则是推进舱。在我国神五发射的时候,杨利伟只能坐在返回舱里一动不动;等到神六发射时,我国的两位宇航员便可在轨道舱和返回舱中自由移动;刚刚发射的神舟七号,不仅有三位宇航员飞天,而且我们已经实现了出舱行走的梦想。

大家请看这里,这是七宝二中航天爱好者协会会标。

五角星代表中国共产党的领导,火炬象征光明,星星火炬是少年先锋队的标志。

中国古代火箭象征火箭的故乡在中国,是中国航天的标志。

航天领域已成为广大少先队员向往的新天地,普及航天知识,弘扬中国航天人精神,是我校开展航天科技教育的基石。

大家请看中间的展示柜。

这些是我校收藏的珍贵的宇航员签名和航天飞行标志,这条红领巾上有杨利伟的亲笔签名。

这些是我校收藏的太空食品和航天医药保健品。这些医药保健品都是供宇航员们强身健体之用,这些是太空月饼,这里还有墨鱼丸、牛肉丸。

下面则是长征二号和神舟五号飞船模型。这个模型可供各位老师同学拍照留念。

> 大家请看这里,这些是我校开展航天科技教育时所取得的成果。
>
> 这里是我校师生写的各种航天科技论文。
>
> 下面这些都是我们学校同学做的各式各样的航天模型。
>
> 我们学校拥有自己的航天校本教材,这里展示的是不同时期的教材。
>
> 这里有大量报刊报道我校的航天科技教育成果。
>
> 在前一段举行的"与航天英雄杨利伟见面"活动上,我校的黄贯中同学有幸参与其中,这便是他代表学校以及原初一(4)班李素文和叶青同学赠送给杨利伟的一幅版画,原稿已经在杨利伟那里,这里陈列的是第二稿,许多的媒体都进行了报道。
>
> 我们学校以形成特色、整合资源、营造环境、课程改革、依靠社区、社校挂钩为主的航天科技教育受到了广大师生的好评。主要目的是培养我们学生高尚的思想品德,健全的人格,创造性思维,高度的责任感和使命感。在青少年中普及航天知识,集知识性、科学性、综合性、社会性于一体。初步认识宇宙,激发广大学生探索宇宙奥秘的兴趣,去获取打开科技大门的"金钥匙"。下面就请各位老师、同学继续参观,谢谢大家!

在实践研究的过程中,我们发现教师观念的更新,教学新理念的学习,教学活动方式的转变,教学策略的课堂实践,让我们的写作课堂呈现出说写和谐共存,师生互动生成,教师方法引导,学生真实表达场景。教师给学生创造出一些情境,唤起学生们主动听说,从而为主动写作、真实写作提供驱动力,形成生动和谐的写作课堂生态情感环境。学生主动了,学习就变得快乐了。

同时,我们也在思考后阶段的研究方向,如研究策略系列化,形成网络式结构渗透;策略的整合和调整,达到科学性、可操作性;真实写作教学"有机化"课堂教学的研究;在学习借鉴国内外先进实践经验的同时,有意识地结合本土特色,创生出有本土特色的教学实践。

(撰稿者:雍梅)

爱在点滴细微之处

"快乐学习，自能发展"提示：
给孩子一些体育能力，让他们健康成长。

给他一些体育能力，就是教师在体育课中给予学生从事身体锻炼的能力，即能够根据条件的变化，选择、运用甚至创造相应的身体练习方法进行独立的体育锻炼，合理地安排锻炼时间，调节运动负荷，实行自我医务监督和正确的自我评价身体状况与锻炼效果。

一、让孩子健康成长，就要让他们动起来

体育学习中"给体育能力"的内涵主要表现在：教授学生技术动作，给学生技能学习的方法，给学生意志品质的锻炼。总之，在技能教学的过程中，尽可能地给学生一个快乐、合作的氛围，让他们有充分的自信，能够快乐、自主地锻炼，掌握动作技能形成的规律，触类旁通。

课程标准指出："体育与健身课程是以身体练习与思维活动紧密结合为特征，以提高学生身心健康、心理健康和社会适应能力为目的的基础课程，是中小学课程体系的重要组成部分。"新课程基本内容充分体现了以身体练习为主要手段的课程性质。技能学习是新课程基本内容的主要内容，可见其在教学中的重要性。体育技能能使学生完成某一活动时表

现出身心统一、协调配合的才能,是一种个性身心统一的综合才能。所以,学生一旦掌握了基本技能,就能够有条件地动起来,这样的学习才更有实效性。

二、让孩子健康成长,方法很重要

如何给学生一些体育能力,让他了解专业的知识,掌握基本技能,同时获得健康的体魄,焕发青春的活力呢?我认为十分重要的一点是,教师"授之以鱼,不如授之以渔",即教师教授技能,不如教授他掌握技能技巧的方法,让学生习得体育的理念,终身享受健康快乐。

1. 教授学生技术动作

在接力跑教学中:(1)教师导入图示边讲解边示范,激发学生自主探究分化动作,引导学生发现上挑式、下压式传接棒差异。学生通过看、听、直觉思维,大脑建立初步的认知概念。(2)引导集体学练。由徒步模仿过渡到持棒传接,先模拟练习:要求学生齐喊1—2—3—4,前三拍做原地摆臂动作(重心在前脚),第四拍模拟传接(右手传,左手接),学生情绪被调动,进行尝试性学练。由于每个学生的认知能力和接受程度不同,教师边喊口令边巡回指导,通过频繁地反复,让学生建立清晰的动作思维,提高认知水平和学习能力。(3)分组学练。根据学生学习情况,对动作正确的学生即时给予反馈,发现出错学生,不直接指出错误,而是引导学生相互观察纠错,比如随机问某学生:"你同伴的动作对不对","你发现了同伴什么错","请你帮他纠正"等,迫使学生主动观察、思考、发现问题、解决问题。通过强化和矫正学习,使教学系统成为自我纠正系统,改进了群体教学带来的弊端,使教学过程由"教而学"—"少教多学"—"不教而学"逐步转化。(4)慢跑中实践传接棒。要求学生采用二人一组传接棒方法在实践中检验:上挑式、下压式传接棒哪种方法更好,引导学生将身体练习与思维联系起来,按照"思—练—思"的程序重复练习,提高动作质量。这样,学生不仅获得技术,同时又得到"如何获得技术的体验"。

2. 给学生技能学习的方法

比如在六年级"山羊分腿腾越"的教学中,首先给学生讲解技能学习,如何在生活中灵活运用,在碰到突发情况时,能够逾越障碍逃生,用支撑跳跃多种方法的演练引起学生注意与兴趣,让学生明白技能与生活息息相关。根据六年级学生身心特点,设计口诀学习方法:第一次课学习时,教授口诀"助跑踏跳有力、单跳双落自然";第三次课学习口诀"收腹提臀有度,及时分腿水平"。利用朗朗上口的口诀加快加深学习记忆,使学生在玩中学,学中练,有趣之中形成积极的学习心理。

其次,根据不同层次学生学习心理,全面分析学生运动能力。我把学生划分成好学组、善学组、勤学组,实施不同的目标心理定向。好学组的学生胆大,表现欲强,学习能力强,对于掌握技能目标的同学,及时给予"掌声"或"好"的评价,引起积极学习的心理定向。善学组学生能力一般,但能跟着老师的思维走。这时要抓住学生成功的契机,或者勇敢顽强个例进行表扬,树立"敢跳就成功"的目标。勤学组的学生往往学习有困难,表现出种种心理冲突和矛盾,对这些学生可以降低山羊的高度,或者利用一些辅助器械(垫子、箱盖)进行针对性辅导,降低学习难度,保证身材矮小,体形较胖的同学和其他同学有一样多的练习、表现机会,让学生在老师设定的目标中通过努力能够达到,化解心中的顾虑,消除胆怯。依据《体育理论》动作技能的形成规律,学生在该项目学习时动作不稳定,分化阶段容易反复出现错误动作,所以刚学习时,不要急于让学生跳山羊,先学习助跑踏跳和辅助动作,循循善诱,由易到难。让学生在有基础、有准备的学习中产生自信,自然达到心理预期。对于急于想跳"山羊"的学生,分析他们"初生牛犊不怕虎"的心理,肯定他们果断采取行动的能力,同时安抚他们的情绪,不要因为认识上局限,不能辨析某一危险情景,造成运动危险。帮助学生树立责任心,引导他们运用循序渐进的方法。

3. 给学生意志品质的锻炼

在体育教学中,典范教育对学生有一定激励作用,比如班级里某同学刻苦锻炼,教师要及时表扬,并要求其他同学向他学习,或列举名人王军霞等训练不怕苦、不怕累,为国增光的事例进行教育,学生受到感染,刻苦锻炼的精神增强。教师要注意激发和调动学生锻炼的积极性和自觉性,明确锻炼目的,端正学习态度,树立不怕苦、不怕累,顽强拼搏的品质,对不同的学生要采取不同的措施,比如某某同学耐力跑成绩较差,教师不能因此放弃他。教育学生在锻炼时采用自我鼓励的方法,尤其是耐力项目,可以让学生朝着前面的目标追

2 真诚
爱在点滴细微之处

赶,在坚持不住的一刻,鼓励自己"我的目标就在前面,马上追上"、"我再坚持一会,就到终点了"、"我一定行!"这样的多次暗示就会形成一种习惯,坚持的品质自然形成。

三、爱在点滴细微之处

我新接手初一年级某班,在体质健康测试中,有一名默默无闻的男生引起我的注意。立定跳远,他上下肢始终不能协调,简单的蹬地摆臂就是做不好;在跳绳测验中,他手脚不能协调,因他瘦小,腰腹肌没有力量。平时这名学生很自卑,甚至他在操场上练习和测试时总想躲起来,人又特别敏感,只要有人瞟他一眼或者指他一下,他就脸红脖子粗,甚至耍赖,躺倒不干。我已经无数次地跟他沟通过,但是效果不佳。为了走进他的心灵,我观察了他一段时间后,首先从他的家庭入手,得知他是单亲家庭的孩子,性格自闭,参加体育活动机会少。其实他最大的障碍是心理上的。由于成绩差,他胆怯、不敢表现自己。于是我每次就有意识地督促、叮嘱他,唤醒他的拼搏意识,鼓励他表现,然后在他们班级体育活动中尽量以团体完成活动为主,把团结合作的能力放在夺取胜利的首位,体育能力放次要位置,启发学生相互尊重,使他们逐渐形成集体观念,让同学间的支持、关心与帮助感化他。由于有了这样一种氛围,他逐渐适应了初中阶段的体育学习,能够渐渐融入班级团队,性格在发生变化,成绩也有了微小的进步。

然而,事情的发展并不是总那么如人意。初二期末测验,他的引体向上成绩依旧是零分,刚刚建立的一点信心又被抹杀了。针对他的实际情况,我与他多次谈心,根据他体重小、身体轻巧的特点,为他专门制定了学习菜单,第一阶段加强俯卧撑、斜身引体的练习,第二阶段进行屈臂悬垂的练习,第三阶段每天利用课间操后练引体向上,持之以恒,看看结果会如何?他答应了,也真的去做了,虽然有好长一段时间没看到起色,但我还是鼓励他,总是表扬他能够坚持锻炼的态度。终于在初三上学期中实现了"零"的突破。他有了信心,我也看到了转机,适时鼓励他继续坚持锻炼下去。有了信心与努力,体育中考他有了收获。

教师对学生一定要一视同仁。任何事物都是发展的,每个学生也是发展的。我们不仅要关注那些优秀的学生,更应关心和帮助那些后进生。后进生可能因为种种原因暂时处于后进状态,但如果我们教师能够全面地、发展地看待他们,学生最后还是能够通过我们教师的爱与教育成长和发展起来。教师对学生一定要严慈相济。爱要爱在细微之处,爱在对学生的教育全过程中。他们毕竟只有十二岁,今后的路还长,只要我们把爱洒向他们心田,落实到实处,他们一定能够通过我们的爱与辛勤的培养成长和发展起来。

体育教学的基本形式是课堂教学,在实现课堂教学任务过程中,师生间会进行频繁交往,交往时每个学生本身都带有一定的感情色彩,并具有强烈的感染力,而教师的带动会使个体间的情绪相互交流,相互感染,造成心理上的共鸣,情绪上的共鸣,个体的情绪趋向一致,形成一种集体的良好的心理气氛。我们本着"健康第一"的思想,在体育教学中,既要锻炼身体,又要重视学生心理健康的教育。既做到给他一些体育能力,又能促进他的身心健康发展。

(撰稿者:邓淑萍)

同一起跑线，我们一起奔跑

"快乐学习，自能发展"提示：
给孩子一个公平的机制，让他们主动竞争。

中考体育历来是身强体壮者的游戏，上天给予的天赋让他们只要通过一定的努力就能取得不错的成绩；而那些体弱多病者即使付出更多的努力也只能勉强达到相同的高度。一个公平的中考体育评分机制，应该贯穿整个初中学习阶段。平时的打分不能只看传统体育测试项目的成绩，也要开展体育拓展项目课程，让学生们去选择他们喜欢的体育项目，让弱势群体在拓展项目中占得优势。要把学生的学习态度纳入平时分数，告诉学生们态度和分数一样重要的道理。学生的身体先天条件参差不齐，但是身体素质的提高并不是和别人比，而是和自己比。给学生创造一个公平的机制，激发他们的主观能动性来提高自身身体素质，这才是体育中考的宗旨。

一、每个孩子都应拥有公平竞争机会

为了提高学生的身体素质，为了使学生能够更全面地发展，体育被放在了中考的测试项目中。这是国家对于体育这一项目在学生发展过程中的肯定，也是素质教育在中国教育中的体现。但是，从它出台的那一刻起，人们对体育中考利与弊的争论就一直没有停

止过。简单的拿测试成绩或者平时成绩来衡量学生的体育,已然将学生当成了运动员。在现在中考体育机制下,有着良好先天素质的学生可以简单轻松地应对考试,而体质薄弱的学生则在这种衡量标准下一开始就输在了起跑线上。他们为了体育成绩所作出的努力没有体现在最终的成绩上,这是不公平,也是不公正的。一套公平的体育评分机制,应该既能够真实反映学生的体育成绩,又能够体现学生的参与度与学习态度;既能够给学生公平竞争的环境,又能够调动学生的主观能动性。这才是体育中考的意义所在。

每一年国家都要针对中考体育进行改革,但是它的弊端却不能够被根治。

1. 对于弱势学生的不公平

中考体育成绩由平时成绩和体育加试成绩两部分组成。无论是平时成绩还是加试成绩,这些分数都是体育项目的测试成绩组成,这样就造成了对一些先天身体素质差的学生的不公平。先天素质好的同学,体育这门学科无疑就成了优势学科,而那些天生肥胖或者体质较弱的学生无论如何努力也不能够达到其他同学的成绩。试问,体育比赛都要按照年龄或者体重分级别竞赛,为什么中考体育的打分要用一把尺子来量遍所有学生呢?

2. 免修政策与平时分数的漏洞百出

中考体育有如下规定:由于先天的疾病或者其他原因不能参加体育活动的学生可以提出免修。提出免修的学生只要出示专业三甲医院的证明在申报获得批准后便可以不参加体育中考而获得最后中考测试的平均分。免修政策本来是中考体育中为了照顾一些由于先天的疾病或者其他原因不能参加体育活动的学生而实施的一项政策,但是这却给一些学生有了钻空子的机会。一些本来可以参加体育中考的学生,因为成绩不够理想,想办法找医生开具免修证明,最后不用参加考试,却拿到了理想的成绩。这类幕后的金钱交易等漏洞不胜枚举。另外,占到体育中考成绩半壁江山的平时成绩也是名存实亡。许多学生平时练习不努力、不认真,但是教师在最后打分时却迫于各方面压力给出与学生表现不符的成绩。好与坏、优与劣，在平时分数中没有得到真正的体现。

3. 现行体育中考制度不能激发学生对于体育的主观能动性

体育免修让部分学生有了不参加体育锻炼也能获得高分的可能，教师不作为让学生不努力也可以拿到较高的平时分，打分机制的不公平让学生不能站在同一起跑线比赛。这些弊端让学生不能够主动积极地参与到每一节体育课中去，甚至让学生家长有了钻空子、开后门的想法。体育成绩的提高和身体素质的改善是一个累积的过程。许多成绩落后的学生在初三的最后阶段开始自暴自弃，而成绩优异的学生则在课堂上显得过于放松，此时体育中考制度显然已经不能激发学生对于体育的主观能动性。

中考体育从 1994 年起实施，经过近 20 年的实践与改革，形式上已初步定格，但却一直没有很好地全面客观地反映学生的体育状况，更加没有反映学生的体育参与度与学习态度。初中阶段体育学科的评价应该是一个贯穿整个初中学习阶段的过程。在这个过程中，学生要学习相应的规定科目，拿到相应的学分，才能够获得最后中考测试的入场券。当然，在这个过程中，每个科目所获得的学分应该理所应当地被视为最后中考体育分数的一部分。而每个学生在平时每个科目学习中的表现也应该反映到相应的分数当中。对于有着先天良好身体素质的学生来说，单单优异的测试成绩未必就能拿到较高的学分，而对于那些先天体质较弱的学生来说，通过自身的认真表现也能够获得满意的分数。一个贯穿这个体育学习过程的中考体育评价方式，应该将差异巨大的学生拉到同一起跑线上，并能够用不同的刻度去给学生打一个公平的分数。有了公平的评价手段，学生才主动积极地参与到每一节体育课中去。

二、同一起跑线，我们一起奔跑

1. 体育中考学分制的概念

学分制是教育模式的一种，以选课为核心，教师指导为辅助，通过绩点和学分，衡量学生学习质和量的综合教学管理制度。体育中考学分制是以中学体育教材为基础，并联系中考体育加试，将基本内容一、基本内容二以及拓展内容分成必修项目和选修项目获

得相应的学分,并设立附加学分来反映学生在体育学习中的综合表现。学分是学生进入最后体育中考加试的入场券,必须按照要求参加相应的课程,修满相应的学分后才能参加中考体育加试。平时的学分累计相加后计入平时成绩,学分不满的学生将取消中考体育加试资格,而取消体育中考资格的学生成绩将不计入学校体育成绩平均分计算。

2. 课程的设立

中学体育教材分为基本内容一、基本内容二和拓展内容,其中基本内容一包括跑、跳、投、球类、杠上、垫上等。这些内容为必修项目,学生需要按照要求全部学习完成取得全部学分。基本内容二为选修项目一,而拓展内容为选修项目二,学校可以根据自身条件给予学生一些体育兴趣课的选择,学生可以根据自己兴趣选择自己喜欢的项目。兴趣课必须动静结合、竞技类与休闲类体育相结合以弥补先天体质较差学生在竞技类项目中的弱势。选修项目是可以选择的课程,学生可以任意选择,只要修满规定的学分即可。

3. 学分与绩点的设立

无论是必修项目还是选修项目,每一个项目都有规定所要完成的学分,而每一个项目的测试成绩要换算成相应的绩点。根据项目的不同,学分也分为必修学分、选修学分一和选修学分二。此外,每个项目都要设立附加学分来反映学生的学习态度,附加学分要在绩点中占一定比例,与考试成绩一起换算成此项目的绩点。一名愿意认真努力的学生,即使最后该体育项目的测试成绩不够理想,但是只要能取得比较好的附加学分,最后也能够取得较好的绩点分数;相反,如果一名学生只是测试成绩较好,但平时态度不认真,那么最后的绩点未必就很高。三种学分相加为平时学分,学分达不到分数要求则不能参加中考体育加试。此学生的体育成绩将不算做学校体育成绩的平均分数之中。修满所有规定的学分后,每一个项目的绩点相加之和就是此学生的平时成绩。

三、每个孩子都是小健儿

案例 态度决定成绩

学生甲先天肥胖,体质较差,所有体育基本内容一的项目均不能很好地完成,对于耐力等考察项目产生了厌学情绪。如果他按照现有体育中考制度参加中考,根本不可能取得合格的体育成绩。现实的问题很有可能导致学生甲自暴自弃或者铤而走险去选择开后门、钻空子,想办法来获得免修资格。但显然这种做法是不允许的,同时对于其他学生也是不公平的。

施行体育学分中考制度后,他的必修课测试成绩未必很好,如耐力跑、50 m、横箱分腿腾跃等。但是只要在这些项目的教学中表现积极、努力、认真,通过获得较高的附加学分,他也可以取得较好的成绩。在拓展内容中,除了足球、曲棍球、篮球等竞技类体育运动项目,也会出现诸如军棋、象棋、传统体育等休闲益智类体育项目。他也可以避开自己不擅长的竞技类体育运动项目,选择休闲类体育项目,通过发挥自己的长处,这样也可以获得比较好的绩点分数。有了这样一个平等的机制,他对体育又有了新的信心。在操场的跑道上,他认真地练习,挥洒汗水;在选修课上,他饶有兴趣地与同学们训练。体育课变成了一门看得见希望,让他愿意去付出努力的学科。经过自身的努力,不但他的身体素质相对自己有了很大的进步,而且也学到了自己感兴趣的体育项目。他最后获得了令人满意的平时分,顺利参加了体育中考。

学生乙先天身体素质优秀,所有体育基本内容一的项目均能够很好完成,但是对于体育学科态度不认真,在课上经常受到老师的批评。虽然他的测试成绩优秀，但是由于上课不认真表现，他的附加学分非常低，基本内容一最后得到的绩点成绩一般。在拓展选修课中，由于他身体素质优秀，他选择了校曲棍球兴趣组参加训练，老师对他寄予厚望。但是在日常训练中，他总是无故缺席，在未经老师允许的情况下旷课，不参加训练，最后没有能够取得相应的学分。在第一年的体育总评中，乙没有修满规定的学分。在现实的惨痛教训下，乙终于意识到学习态度的重要性，从此他改变了自己的学习态度，认认真真上每一节体育课，认认真真参加每一次曲棍球训练，在第二年的体育总评中，乙由于认真的学习态度和出色的测试成绩获得了规定的学分和很高的绩点。最后在体育中考中，他获得了优异的成绩。

孩子是祖国的未来，是祖国的希望。对于国家来说，发展学生的身体素质是提高国民素质、实现祖国繁荣昌盛、兴旺发达的基础。对于学生本身来说，良好的身体素质是未来实现人生价值、施展理想抱负的基石。然而对于如今的孩子来说，文化学习负担过重、学习压力过大，中考体育加试到底是切切实实提高了他们的身体素质，还是又给本来就不堪重负的学生增加了不必要的负担呢？我只希望体育中考学分制能够使学生们建立主动学习体育这门学科的信心，培养对体育学科的兴趣，激发挑战自我的勇气。在体育学习中，学有所得、学有所成。在体育中考的历练后，能以更健硕的体格和更坚强的决心面对以后的挑战。

（撰稿者：瞿赟）

不一样的孩子，不一样的赏识

"快乐学习，自能发展"提示：
给孩子一点赏识，让他们自己去成长。

教育是一种力量，一种可以帮助学生享受灿烂阳光、迈过荆棘遍野的力量，教师是传播这种力量的人。每一个孩子都如花园中的花朵，最需要的就是老师如阳光般温暖的教导，花朵最需要阳光，而对于孩子们来说，最好的阳光莫过于老师的赏识。因为人性中都渴望得到赏识、尊重、理解和爱，处于青春期的学生尤其如此。在我们的教育中，注重学生的优点和长处，发现并表扬，逐步形成燎原之势。通过这种赏识激发学生本身的学习动力。

一、赏识，教师最美的表情

在日常的物理教学中，"给赏识"的内涵主要表现在给予所有学生充分的信任、鼓励与肯定：信任优等生，给他们自主学习与发展的空间；鼓励中等生，给他们努力前进的空间；肯定困难生，给他们发现自我亮点的机会。总之在日常的教学中，依靠教师语言及行为上的赏识与激励带给学生一个充分发挥自我学习能力的空间。

当我们提出"快乐学习，自能发展"的时候，我首先想到的就是赏识教育。因为"自能发展"简而言之就是指学生能够学会学习，能够自我管理，能够自主成长，具有较高的终身学习的能力。而赏识教育的实施途径是"发现优点"、"欣赏优点"。通过这一途径,可以培养学生的自信心以及学习的积极性、主动性和创造性,从而使学生具有持续的学习愿望和学习兴趣。学会并熟练运用适合自己的学习方法,最终形成积极主动的学习习惯和较高的学习能力,获得自我成长。

在传统的教育中,强调教师对学生的严格要求,教师对学生的教育方式以"批评"为主。在这种方式中,知识的传播主要依靠教师自上而下的灌输型教育模式。学生养成的学习习惯自然也是听从教师的话,执行教师的要求,依靠教师的包办型帮助,他们很少关注自己的内心对于知识的渴望,自然也难以激发浓厚的学习兴趣。时代在改变,现在的学生已经不适合用传统的方法来教育,致力于提高学生的学习兴趣显得尤其重要。

"让学生体验到一种自己在亲身参与掌握知识的情感,乃是唤起少年特有的对知识感兴趣的重要条件。当一个人不仅在认识世界,而且在认识自我的时候,就能形成兴趣。没有这种自我肯定的体验,就不可能有对知识真正的兴趣。"这是苏联著名教育实践家苏霍姆林斯基的话。而教师给予的"一点赏识",带给学生自我肯定的体验,也成为他们自我成长的动力。

二、唤起孩子们自我肯定的体验

物理学是研究自然现象发展过程和变化规律的一门充满趣味的学科,它以观察、实验为基础,有丰富的感性材料、有形象生动的实验、有妙趣横生的逻辑思维。怎样使每个学习层次的学生都能很好地感受到物理的魅力,在教学过程中充分发挥不同学生的学习能力已经成为平日教学中的重点问题。我认为教师应该在平日的教学活动中给予学生充分的赏识,让他们在赏识中成长。

在传统的物理教学中,我们讲课大多处于教师的"一言谈",基本上是单方面地传递信息,老师把相关知识点逐一讲解,满堂灌,学生机械地记笔记,被动地听,而在课下的辅导中更是以教师为主。我国传统文化里提出的"师道尊严"奠定了现在教学环境中尊师重教的基础,但这样的习惯也使一部分胆小的学生由于惧怕老师,上课不敢质疑,下课不敢提问。为了解决这类问题,教师需要给予学生充分的"赏识",以下我分三个角度具体分析该怎样

3 真诚
不一样的孩子,不一样的赏识

"给赏识"。

1. 信任优等生,给他们自主学习与发展的空间

无论是怎样的班级,一定都有一部分平时学习习惯较好、学习成绩较为优异的学生。传统的"满堂灌"是让这部分优等生始终跟着班级的平均水平学习。再加上教师在新课及作业上的包办,长此以往,这部分本来具有一定自主学习能力的学生会对老师形成依赖,放松对自己学习的要求,把学习成绩优异的希望完全寄托在"听老师的话"上,这会严重地影响自能发展。很显然,这也对学生未来的成长产生不利影响。

为了解决这种长期存在于教学中的弊病,教师"给赏识"成了不可或缺的方法。对于优等生,"给赏识"主要指给予他们充分的信任和肯定。教师要给他们一定的学习自主选择权,比如在完成基本作业的基础上,给这部分学生一定量有难度的作业,并要求他们组成小组一起讨论练习,总结出不懂的问题定期向老师提问。当看到学生完成的题目和提出的问题时,教师首先要提出表扬和鼓励,对他们能完成正常教学以外的任务加以充分的肯定。另外教师不一定要像教一般学生一样立刻回答他们的问题,而是可以通过问"为什么"的方式引导他们继续思考,或者给他们相关例题的解答方法让他们自主讨论。等他们根据例题提出自己的想法后,教师再加以引导,和他们一起总结归纳。在整个过程中教师要注意赏识教育的实施路径是"发现优点"——"欣赏优点"。通过这一路径,可以培养学生的自信心以及学习的积极性、主动性和创造性,从而达到教育的目的。

这样的方式,看似比一般的"灌输法"纷繁复杂了许多,但这种方式对于优等生的成长是极其有利的。教师的赏识转化成对学生的充分信任,给予这部分学生更多的成长空间,让他们通过自己的努力自能发展。学生也能从教师细心的赏识教育中感受到老师细致的爱护和温暖的博爱之心。

2. 鼓励中等生,给他们努力前进的空间

中等生的学习成绩是每个班级中大部分学生拥有的学习水平,可以说提高中等生的学习能力和学习兴趣,是教师长期以来的重点工作。以往在传统的教学模式中,教师始终是以中等生的学习水平来衡量教学过程的设计和操作,传统方式看似对中等学生非常有利,

其实不然。

　　因为中等生不像优等生和学困生那样一直受到关注,他们大部分时间默默无闻,缺少发表自己见解的机会。这就需要教师通过"给赏识"的方式给他们鼓励,帮他们找到自我进步的空间。例如,在平时的物理课堂教学中,会有一些问题没有标准答案:比如就某一物理现象举例说明或者描述一个物理过程,类似这样的问题并不需要学生有多么聪明用功,只要稍加引导每个学生都能发表自己的看法。教师应该在课堂上多把这样的问题留给中等生回答,这种没有标准答案的问题,学生很容易回答正确,而且一个问题可以有不同的答案,也就给了学生更多的思考空间。教师要在学生回答完毕后给予充分的肯定,尤其是对于一些新颖的答案不要吝啬表扬,对中等的学生多说"你真棒,能思考出这样的答案"类似这样鼓励和带表演性的话。教师看似微不足道的表扬却是对学生极大的理解与尊重,这样的赏识可以让原本默默无闻的中等生充分参与课堂。另外,在平时批改作业或者试卷的时候,中等生的作业总是不会引起教师足够的重视,其实教师完全可以从学生平时的作业中找到他们的闪光点。或许中等生的试卷和作业整体的正确率没有优等生高,但是教师可以抓住某道题目鼓励这部分学生:"你看,这道题很多平时成绩比你优秀的学生都错了,但是你思考得非常全面,完成得也很好,真的很棒。老师相信这么有难度的题目你都可以解决,其他的问题你也一样能做得更好!"这样的方法是教师从个别学生的某个闪光点出发,真心实意地肯定学生的闪光点,并由此全面地赏识这个学生。

　　这样充分的赏识给予中等学生更多的鼓励,他们很容易就此感受到教师充满爱的关注,也就更容易发现物理的妙趣,从而激发他们对于物理这门学科的兴趣,帮助他们更好地自能发展,也帮助他们更好地成长。

3. 肯定学困生,给他们发现自我亮点的机会

　　学困生是每个班级中让教师感到难以教育的学生,他们普遍学习习惯不好,学习态度欠佳。对于物理这种需要大量思考的科目更是让教师对学困生难以教学。在传统的教学中,学困生得到更多的是教师的批评,他们始终处于一种缺乏关爱的境地。其实他们更需要教师特别的"赏识",需要教师小心翼翼地发现他们每个人的优点。

　　对于学困生,很多教师认为想给他们赏识特别不容易,其实每个学生都是独特的个体,

都有他独特的特点。学困生更需要教师从细微处发觉他们的闪光点。在教育学困生的过程中,教师不能以一种对一般学生的标准来要求他们。例如对于大部分学生来说完成作业天经地义,但很多学困生因为学习习惯不好,经常不完成作业,很多教师都是一味批评,其实如果他某一天按时完成了作业,作为教师首先就要肯定他完成作业的行为,而不是先去关注他作业的正确性。在充分表扬和肯定他做得好的方面后,再耐心地向他讲解作业中的错题,帮助他分析是不是完成得比以往好了一点。对待学困生,我们不是要抓住他作业中的错题不放,而是要关注上次讲给他听的这次没有错,或者说这次比上次思考更进了一步。对于考试测验,教师也不能一味抓住分数不放,而是应该分析某个学困生是不是某个部分的知识点比上次错得少了,是不是计算的正确率提高了,甚至是不是按时完成了整张卷子等等。这些看似微不足道的表扬与肯定或许对于一般学生不算什么,但对于学困生来说老师这样发自内心的赏识尤其重要,因为他们更像是沙漠中生长的植物,万分渴求教师如同雨露般的赏识。

无论哪个学生,只要我们耐心寻找,就必定能发现他的优点,即使他做错了事,我们也可以从中找到闪光点,关键是一个"爱"字。爱,是人类所特有的,最伟大的情感。教师的爱,对于学困生来说尤为重要。因为教育是无选择性的,所有的学生都有权利获得爱,爱才是教师最美的语言。

三、不一样的孩子,不一样的赏识

物理是一门实验性学科,在日常的课堂教学中经常需要学生动手做实验。例如,在上凸透镜成像的新课时,为了能让每个学生充分参与课堂,我在上课之前把学生按照四个人一个小组分开,以便上课进行实验。而每个小组我都是按照一个优等生,两个中等生,一个学困生的形式安排,并同时安排优等生做每个小组的组长。在教学进行的过程中,设置实验让学生通过观察能主动地发现问题;接着在说明的情况下进行大胆的猜想,说说凸透镜所成像的情况可能与哪些因素有关后,通过全班分析教师引导归纳出可能的影响因素,随后运用控制变量法进行探究。

上课时我安排了全班按照分好的小组进行实验活动,首先让大家一起来探讨并明确实验该如何做，明白应该观察什么、记录什么。随后每个小组自己动手做实验，并完成表格的填写，收集信息和数据。在此过程中要求每个组的组长主导整个组的实验，但是必须要全组成员配合完成，尤其是学困生一定要动手实验，而我会巡视每个小组的实验过程，因为是新课教学不论学生完成得怎样，我都会给予表扬与肯定，这就是"给赏识"。而对于不同层次的学生给赏识的角度也会因人而异，对于学困生只要他们参与其中，我就会给予肯定，比如有个别组的学困生正确摆放了蜡烛，凸透镜和光屏的位置却不知怎样调整它们之间的距离，我及时肯定他的行为："你一定是刚才认真听讲了，所以能做好第一步。开始完成不错，接下来和组里其他同学一起把实验认真做好。"我接下来引导这个小组的其他成员继续进行实验。对于中等生，我着重鼓励他们思考的行为，因为很多学习中等的学生是习惯完全跟从老师的教学，人云亦云回答问题，直接接受老师最后给出的实验结论。而对于优等生，我则会换个角度表扬他们可以带领小组进行实验的行为，因为对于很多优等生来说老师关于学业上的表扬早已不足为奇，而对他们其他方面的信任，例如组织能力则显得尤为重要。在所有的小组完成实验后，我会在全班总结刚才的实验过程，表扬完成的好小组，并通过表格对数据进行分析，结合实验现象得出实验结果即成像规律。而这一系列的活动不仅让学生体验科学探究的基本过程，也让他们在学习中得到了老师的赏识。

　　上面的例子展示了我如何在新课的教学中"给赏识"，接下来的故事是我在课后对于个别学生怎样做到"给赏识"。记得那是我来到初二年级重新接班，承担物理教学。一个月下来，我发现班级中有这样一位学生：上课时从不举手回答问题，一旦我说会请个别学生来回答问题时，他脸一下子涨得通红，不敢抬头看老师，眼睛就只看着书本，视线一动不动，直到我让其他同学回答后他才能缓过劲来。如果这时下去巡视学生作业的完成情况，那么他的错误率会大大增加。从该生的表现来看属于暂时性的学习焦虑。我从班主任处了解到：原来该生的表现还很不错，后来也不知道是怎么回事，变得对自己缺乏信心，总不相信自己的能力，连做作业一定要问过别人才放心，处处感到自己笨，成绩也比以前退步了许多。通过班主任的描述，我觉得该生具有较严重的自卑心理，最需要的就是老师的"赏识"。通过与他的交谈及从其他同学那儿了解到，一次在公开课上老师让他回答一个问题，他的错误回答引起学生大笑，课后学生还将这作为笑料，广泛传播，还有同学指责他丢了班级的面子，说他是个笨蛋。正是这些造成他情绪压抑和心理不稳定，失去自信心，形成自卑心理。

我认为,他急需的是教师的肯定与赏识。这对他来说是打开心结的良药,因为赏识是爱,而教师的爱是一种温暖而美好的情感。我找了个合适的机会告诉他教师敢于让他在公开课上发言,本身就是对他的信任,相信他能正确回答,而他的失误只是一次偶然,并不是他真的笨。接着我拿出物理课本,翻到还没有上的章节,让他预习十分钟,对他提了三个比较简单的问题,要求他认真回答。每次回答,他都战战兢兢,声音很轻,说完也不敢正视我的眼睛,缺乏自信。然而他每次回答都是正确的,我给予肯定和表扬,告诉他,能把没学过的问题回答得如此好,是很值得老师赏识的,也说明他很聪明。通过反复多次的沟通,我开始频繁在课堂上提问他,只要他回答了,哪怕不正确,我也会肯定其行为,如果正确,我则会当着全班的面大力表扬。一段时间以后他见到我会主动打招呼,也敢抬头与我对视,脸上也洋溢出一丝笑意,信心得到了恢复。这是赏识教育的一个个例,我通过"给赏识"让一个孩子得到了进步与成长,使他在生活和学习中成为一个强者。

　　总而言之,自能发展的中心内容应该是让学生学会自主学习,要做到这一点,于我来讲,"给赏识"是必不可少的方法,它是教师爱的方式,是学生成长肥沃的土壤,是实行"快乐学习,自能成长"必不可少的良药。我们在平时的物理教学中应该针对不同的学生,用不同的方法,不同的角度赏识每个孩子,带给他们爱与希望。帮助他们养成良好的自主学习习惯,使他们能够学会学习,能够自我管理,能够自主成长,最终做到全面而充分的"自能发展"。

(撰稿者:孙爱华)

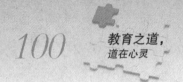

让学生"舞出"生命的华彩

"快乐学习,自能发展"提示:
给孩子一个舞台,让他们轻舞飞扬。

给学生一个舞台,就是说在课堂上,教师要给学生提供思考、提问、探索、交流的机会与环境,要让学生成为课堂的主角,教师提供给他们表现自我展示自我的机会,让他们在平时的学习中学会"充分挖掘自己的内在潜力",学会"自我导向、自我激励、自我监控",成为一个具有自学能力、思维能力、创新能力的人,从而学会生存。

一、给孩子一个舞台,让他们自主学习

物理教学中"给舞台"的内涵主要表现在:给学生自学的机会,给学生思维的时间,给学生创新的舞台,给学生感动的事例。总之,在教学的过程中,尽可能地给学生一个宽松、自由的氛围,让他们有充足的时间思考,能充分地表达自己的想法,在学习中对自己有足够的信心和兴趣。

课程标准指出"学生是学习和发展的主体","教师是学习活动的组织者和引导者"。联合国教科文组织在《学会生存》一书中明确指出:"未来的学校必须把教育的对象变成教育的主体,受教育的人必须成为教育自己的人,别人的教育必须成为这个人自己的教育",使

学习者"成为他们获得的知识的最高主人而不是消极的知识接受者"。即如叶圣陶先生所言:"教师教各种学科,其最终目的达到不复教,而学生能自为研索,自求解决。"基于此观点,我们应该摆正教师、学生和教材的位置,立足学生发展,增强角色意识。学生是主体,教师的任务是通过正确引导,充分发挥学生的主体作用,变"要我学"为"我要学",最终使学生具备会共同生活、会学习、会工作、会生存的能力,成为适应新时代要求的高素质的创造型人才。

现代社会的发展要求我们要注重培养学生主动的学习方式,特别重视学生的主体作用及其自觉主动的学习精神,主张充分挖掘学生的内在潜力,因此,我们培养的学生应当是具有多方面能力的人。一个学生有了能力,他就可以主动学习,独立思考,将来长大参加了工作,他可以根据自己的需要,继续提高自己的专业水平,去自由探索,去发明创造。所以,用长远的眼光来看,培养学生综合能力是有重要意义的。

二、舞出学生的正能量

在教学领域,如何在传授知识的过程中发展学生的能力,即交给学生一把打开知识宝库的钥匙,一直是广大教育者讨论的重点、研究的课题。因为一个人博学广闻,知识丰富,大量的是靠自我求索得来的,这是不可非议的。因此,教师在日常的教学活动中,必须要有意识地培养学生的学习能力,教会学生变学会知识为会学知识。结合几年的教学实践,在物理教学中我对学生的能力的培养是从这几方面入手的:

(一) 知识讲授中,给学生舞台培养质疑能力

在初中物理教学中概念、规律、定理、定律都是通过实验来得出,所以在学习的过程中有很多让学生自由发挥的空间和机会。预习教材是教学中的第一环节,也是学生最有想法和疑问的环节。课前布置预习提纲和思考题,让学生自学教材,鼓励学生就近和同学小声讨论自学中的问题,鼓励同学提问,更提倡学生有自己的想法。然后对教材上较难的部分或估计学生在预习中难懂的知识点,包括实验设计的优缺点,实验过程中的关键点,实验分析的关注点,归纳结论和概念的对应点等等,集体指导、点拨、讲解。让学生理解和发表看

法。同时,师生之间、同学之间相互启发和补充,逐步完善、弄懂弄通,变难为易。布鲁纳说过:"知识的获得是一个主动的过程,学习者不应是信息的被动接受者,而应该是知识获取的主动参与者。"学生要主动参与学习,就应当学会提出学习中的疑问。"学贵有疑,学则须疑",疑是探求新知的开始,也是探求新知的动力。

(二)知识运用中,给学生舞台培养思维能力

物理教学中让学生把千变万化的物理现象逐渐上升到基本概念、公式、图像和规律,这是一个从感性认识到理性思维的飞跃过程,再把所学的理论知识用于解决实际问题,即知识的运用过程更是思维能力培养的一个重要环节。因此在实际物理问题中,要求学生认真审题,挑选有用信息,理清解题思路,选择合适的概念、公式和规律,列出式子进行解答,有时还要求讨论答案是否合理。对错解的题,必要时还要学生讲出错解过程,让大家在纠错中思考,提高能力,更有收获。在此过程中,学生自然一直处于不断的思考当中,老师如果适时指明思考的方向和线索,训练学生正确的思维方法,鼓励学生养成动脑筋的好习惯,那么在知识的运用过程中对学生思维能力培养一定会事半功倍。初中阶段的学生对物理学中所渗透的思维方法还不甚了解,但如果学生能够有质疑、思考、解疑的意识和习惯,也就有了物理思维的潜质。

(三)知识拓展中,给学生舞台培养创新能力

在课堂教学中,尤其复习阶段一定要适时地提出一些知识拓展的思考题,引导学生拓展和深化知识,鼓励学生思考回答,举一反三,触类旁通,发挥独特见解,显现创造才能,对课堂上一时解决不了的问题让他们课后共同讨论,甚至争辩,以形成一个自主思考、知识不断拓展、能力不断提高的好群体。当然教学中一定要掌握的原则是:目标明确,分量适度,形式多样,针对性强。一个阶段的训练后学生的创新能力一定会有所提高。

(四)人文教育中,给学生舞台培养学生的情商

除了在教学环节上关注到学生能力培养的教法外,还要特别关注一些非智力因素的作用,如介绍一些杰出人物成功的学习经验对学生激励,让他们借鉴。任何一个杰出人物所

取得的成绩都不是偶然而至的,都是在前人的基础上不断地学习和探索中获得的,这些人的学习方法、学习习惯和学习精神,尤其是年少时期的一些学习经历对新时代的学生们来讲,更能激发他们的学习动力。再如:关注身边学生的学习经验给其他同学树立榜样。一些优秀学生的学习经验,来自他们自己的学习实践,他们和其他同学生活学习的外在条件大致相同,推广他们的学习经验,会让身边的同学感到更加亲切可信,更加容易借鉴学习。在这些正能量的引导下,激发学生学习的兴趣。

三、过程即舞台,让学生翩翩起舞

在"电阻"一节的新课教学中,我请同学来做演示实验:把长短、粗细都相同的铜丝和镍铬合金丝分别接入同一电路,闭合开关,其他学生观察到小灯泡的亮度不同,然后启发学生:从实验现象中你能提出什么问题吗?学生提问的欲望很强烈:为什么看起来完全相同的两根导体在同一电路中会产生不同的效果呢?导体的导电性与什么因素有关呢?教师根据学生提出的有价值问题进行引导,通过学生的合理猜测和解释深入分析讲解,引出电阻的概念就水到渠成了。

在教学知识运用中,我通过习题的灵活多变,提高学生的自学能力。

一题多变:一题多变就是通过保持原命题的发散点,变换形式发散思维,主要包括题型变换、条件变换两种形式。通过一题多变,能激活学生思维的广阔性、发散性,使学生能从不同角度去观察问题、思考问题,提高学生思维过程的整体性、严密性来巩固所学知识。我在讲"压力和压强"一课的研究对象时引导学生进行多角度思考。以课本实验中小桌为例,编写这样的例题:(1)小桌和铅球共重40 N,桌面接触沙面面积为100 cm^2,求小桌面对沙面的压强是多大?(2)小桌和铅球共重40 N,小桌每只脚接触沙面的面积为1 cm^2,求小桌面对沙面的压强是多大?并将两次计算结果进行比较。这样的设计方法,使学生对所学知识有了很好的巩固,突破了受力面积这一难点。通过一题多变,使学生举一反三,触类旁通,训练学生思维的灵活性和变通性,从而达到巩固知识和培养创新思维能力的目的。

一题多问：一题多问是拓宽学生解题思路的先导，使问题逐渐加深，引导思路逐渐深化，有效地培养学生思维能力和知识的迁移能力。

例：举世瞩目的第29届奥运会于2008年8月在首都北京举行，奥运圣火传递已经如火如荼展开。请从物理学的角度，思考并回答下列问题：

1. 奥运会吉祥物"福娃"活泼可爱，根据福娃在几个比赛项目中的运动形象，请分析：

(1) 用力踢足球，足球飞出去，说明力能使物体的_____发生改变。

(2) 投篮时，篮球脱手后在空中下降的过程中，对篮球做功吗？

(3) 击出的羽毛球能在空中继续飞行，是由于羽毛球具有_____性。

(4) 用桨向后划水，皮划艇会前进，这是由于力的作用是_____的。

2. 奥运会火炬"祥云"的设计充分体现了科学与艺术的融合。请根据图（图略）回答：

(1) 红色是火炬的主色调，从光学角度看，火炬的主要部分之所以呈现红色，是因为_____。

(2) 火炬"重985克"，用规范的物理语言表述应该是_____。火炬长72 cm，合_____m。

(3) 火炬手手持火炬静止时，应对火炬施加竖直向上的力约为多大？（要求写出计算过程）

(4) 火炬使用的燃料是丙烷。常温下丙烷为气态，可采用_____的方法使其在常温下液化，这一过程要_____（选填"吸收"或"放出"）热量。丙烷燃烧时，_____能转化为内能。

(5) 火炬外壳使用到金属材料铝，这主要是因为（　　）

a. 铝的导热性差　b. 铝的磁性强　c. 铝的导电性好　d. 铝的密度小

(6) "人文奥运"、"绿色奥运"是北京奥运会提出的重要理念，"祥云"火炬的设计在很多方面体现出这些理念，凸现了"对人的关怀"和"对环保的重视"。请根据图提供的信息，从物理学的角度简要说明"祥云"火炬的设计是如何体现这些理念的。（只要求回答其中一点）

3 真诚
让学生"舞出"生命的华彩

能力的培养是长期的过程，并非一朝一夕便能奏效的，要精心设置每一节课，要有目的有计划地进行培养，教学过程中要激发学生的求知欲望和兴趣，调动学生的积极性，揭露矛盾、挖掘问题，提供思考的材料，把握住能力发展的阶段和特点。更要善于挖掘教材中培养能力的因素，充分调动起学生学习的兴趣，把发现问题的能力还给学生，把解决问题的过程还给学生，把自主、合作、探究的学习方式还给学生，帮助学生养成良好的自主学习习惯，争取教出来的学生越来越耳聪、目明、心灵、手巧。过程即是舞台，让孩子们在舞台上尽情地轻舞飞扬吧！

（撰稿者：郑洪萍）

4 照耀

现今的教育对知识"情有独钟",以分数衡量一切,教育不再是对他人的体谅心、梦想以及对社会的贡献。马卡连柯曾说过:"培养人,就是培养他对前途的希望。"教育的核心是什么?是培育孩子们心中的太阳,教育就是用自己心中的阳光去照耀孩子的心灵。学生在教师的引导下,逐渐成长,从而孕育成自己心中的太阳,然后去照亮自己和别人,去照耀整个世界。

不要在冬天里砍倒一棵树 / 109

孩子心里美滋滋 / 118

每个孩子都渴望得到阳光的照耀 / 122

师生间的"化学反应" / 127

心里有阳光,才能有亮光 / 134

如果教育是一缕阳光，那么作为学校，应该把这缕阳光照耀到校园的每个角落，照耀到每个孩子的心灵深处。教育不仅是要获得知识，更为重要的是让孩子们的智慧觉醒，然后用智慧去利用知识。因此，学校的重心就是让智慧觉醒，把孩子们的心灵从"自我"中解放出来。每个人在身体上和心灵上都受到过伤害。身体上的痛苦相对容易处理，心理上的痛苦则难以发现。作为一名教师，我们要做的事情就是保证孩子在学校，甚至是在他们的整个生命历程中不受到伤害，让阳光照耀孩子们心灵中的每一个角落。

教育的正途是回归生命本真。参与教育活动的所有个体，包括教师与学生的健康和谐发展是教育价值的终极指向。教育目标的达成需要在强韧的教育意志导引下获取一种教育生命的自觉。"意志是趋向于达到目标的力量，故而是人自己决定的，那么若不是出于自己的决定，便是没有'主宰'的活动，便称不上是'人的活动'，也就不会有主动的力量。"教育的生命自觉基于对教育本质的清醒认识以及对教育终极目标的深度认同与不懈追求，根连于对生命本质的深刻体悟以及对人之生存发展责任的自觉担负。阿德勒说："关于人的发展的一个根本事实就是，人的心理总是充满着有活力的，有目的的追求。儿童自出生起，就不断地追求发展，追求伟大、完善和优越的希望图景，这种图景是无意识形成的，但却无时不在。"因而，培养人就是培养他对前途的希望。我们的学生不一定都能学有所成，但我们可以努力让每个学生都拥有一份对生活的热情和对人生的自信，这也许就是根本意义上的成功教育。

一间教室的容量可以无限，一名热情的教师可以创造奇迹。让阳光照耀孩子们的心灵，让阳光照耀到我们每一个人的心灵。

不要在冬天里砍倒一棵树

"快乐学习,自能发展"提示:

给孩子一点空间,让他们去创造。

给孩子一点空间,即在孩子成长的各种情境中,教师要充分理解和尊重每一个个体的成长规律,因材施教,提供让孩子自我发展、自我认同、自我反省、自我评价的机会,引导孩子发现成长的巨大空间,并促其主动学习,自我提升,从而体验成长的喜悦、改变的惊喜。

一、每个孩子都是一颗种子

在课堂与开展学生工作中,"给空间"的内涵主要表现在:给学生走向课外的空间,给学生自我反省的空间,给学生保持个性的空间,给学生多元评价的选择。总之,不以填满学生所有的时间和思维为基准,在我们已经做到的教育之后给一些留白,让学生自己去领悟,去探索,让他学会自己使用方法,品尝自己收获智慧的快乐,同时也发现和培养自己更多的能力。

普卢塔克曾说:"儿童不是一个需要填满的罐子,而是一颗需要点燃的火种。"孔子也曾说过:"君子不器。"可见,不论中外,先贤哲人们均把一个人成才的主观努力、主动性放在极高的位置。我国的新课程标准也确立了学生在教育教学过程中的主体地位和作用,充分认识到了学生在教学中的主动性、积极性、创造性以及个性差异,强调培养学生的主体人格、主体意识和主体能力。有一位教育家曾经做过因素分析,表明如果要把一个儿童培养教育成人,涉及 10^{19} 个因素。教师怎么可能承担这么多责任呢?可见,儿童在实践与历练中完成自主性成长才是成长的常态,我们不可能也不应该占领他们方方面面的空间。学生是成长的主人,他们不仅可以聆听、接受师长有益的教导,他们也同样应有向校外学习的选择,有自我思索的机会,有保持个性的权利,有享受多种评价的幸福。我想,在足够空间下成长起来的学生,不仅能拥有和谐的师生关系,而且能拥有一种独立、自主、积极、有鲜明特点的人生。

初中学生正处于生长发育旺盛期。快速的身心变化常常会令他们无所适从,产生心理断乳期的种种不适应。另外,初中面临巨大的升学压力,高强度的学业负担、理想与现实的距离往往困扰他们,易产生心理焦虑。同时,我们当今的社会处于信息爆炸的年代,网络、微博、微信等手段将信息和观点第一时间广泛传播。中学生如何在信息洪流中驾驭自己?现在的孩子到了初中往往自我意识陡然增强,渴望摆脱老师、家长的管束。传统的以教师的威严管理学生显然难以应对如今的形势。教师的引导不如由站在学生之前转移到站在学生之后,让更多的空间呈现在学生面前,让学生更多地看到的是所面临之事而不是教师。这样,在教师的指导下,学生的自主性才能被激发,也才能更真切地学会处世为人之道。总之,少一些教师的控制,就会多一些学生的个性。

二、不要在冬天里砍倒一棵树

给学生空间,也是给自己空间。教师如何放下自己的"控制欲",同时给出适当的空间呢?我认为,前期对学生的仔细观察、了解,加上发自内心的对学生的关爱、尊重与宽容是教师能恰当给予空间的关键。"给空间"也是一项需要修炼的艺术。在此,我浅谈四方面。

1. 给学生走向课外的空间

根据时代发展的需要,联合国教科文组织的《德洛尔报告》针对新的世界背景和世界各国基础教育状况,指出:"学会认知"、"学会做事"、"学会共同生活"和"学会生存"是基础教育的四大支柱,而基础教育的根本目的是使学生获得"走向生活的通行证"。面对新的时代,学生除了要学好书本知识以外,与时俱进,做一个面向现代、面向未来的公民应是学习的重要意义。

然而现实往往并不理想。由于应试教育大行其道,我们教师往往摆脱不了表层的知识教学的局限性,而忽视了学生的能力培养与发展。不少学生从小就被束缚在课堂中,成天面对自己没有兴趣的学科知识,应付层出不穷的考试,而休闲娱乐时间被严重挤压,以至于对多彩的生活失去了欣赏能力。即使偶尔偷得半日闲,也未必愿意健健身、与自然亲近亲近。既然要学生获得"走向生活的通行证",必然要保障他们经常的课外时间——社会实践。

走向课外的空间,可以通过集体活动来达成。每学期的春、秋游,可以鼓励学生放下课本,多拍拍照,同学之间多玩玩游戏、看看大自然,这能舒缓平时紧绷的神经。运动会鼓励学生积极参加,这能让他们在拼搏中释放压力,又积累纯真的友谊;双休日,鼓励学生走进社区、敬老院、历史古迹、博物馆,了解社会风貌、历史文化;还可以利用班队会的机会,将学生的成长由课内延伸到课外,组织丰富的实践探访活动。总之,让学生拥有多样的生活,在生活的海洋里遨游。"读万卷书,行万里路"多样的生活定能造就出多样的眼界、多彩的创意以及探索的兴趣。所以多给一点课外的空间,让学生不再被禁锢,让他们的生活变得多彩。

2. 给学生自我反省的空间

先贤哲人曾子曾说:"吾日三省吾身。"可见君子须严于律己,善于反思。反思是人自我觉悟的过程,自我提升的过程。孔子若没有时时反思,恐怕晚年也无法做到"从心所欲,不逾矩",如果没有"吃一堑"之后的反思总结,恐怕也没有接着的"长一智"了。

深刻的反思可以改变人观念和思维方式的惰性,从而意识到自己的局限性,不断调整看法,转变思路,指导行为上的改变。学生是未成熟的人,其成长的过程就是犯错与纠错、积累经验的历程。教师如能引导学生形成反思总结的习惯,便能促进他的主动成长。

目前的教育教学中,却往往因陷入了功利主义的泥潭而少见真正的、深度的反思。在课堂上,由于教学任务重,老师往往压缩了学生自主思考消化的时间,以讲代思。久而久之,学生便不习惯动脑,而更乐意背诵。在德育中,反思的落实也困难重重。侧重应试教育的现状挤压了德育时间,传统方式让班主任习惯一言堂、训话式教学,学生只是被动地听。学生偶有反思,也往往流于描述性反思,只是对事件的叙述而没有进行思考。

所以,给学生自我反省的空间,不仅是教师的少说,背后更有学生自我反思的习惯培养和建立,更需要教师前期耐心的引导与细微的体察。陶行知做校长时,曾处理了一起学生打架的事件。他没有进行过多说教,只是用四颗糖分别奖励了学生主动接受处理、及时停止打架、为同学鸣不平和主动认错。最终陶行知不仅心平气和地解决了问题,还让学生自己意识到了错误。可见学生犯错了,不要急于批评、苛责,因为学生已经知道错了。不如给予更多的等待、期待,这正是一种教师相信学生能自我改正的积极暗示。它也许会换来事半功倍的效果。

3. 给学生保持个性的空间

每个学生都有他独特的背景,有他自己的个性。然而学校的集体行动又总是需要团队精神、需要学生行为整齐划一。如何在班集体凝聚力与个性的张扬间找到平衡,则考验我们为人师的耐心与智慧。在课堂上,面对预设外的答案,有道理的要及时接纳表扬;在与学生约法三章时,在不违背原则的前提下,欣然接纳个性化的提议;在批评学生时,听到不接受的声音,不是急于"当头棒喝",而是平等地倾听学生的诉求,即使有损教师的威严,也只在事后教育他尊重人的方法。这些让学生保持个性的小方法,虽然只是细节,但却能让孩子敏感的自尊心不至于遭遇破碎、刚刚萌芽的个性不至于被藐视。给学生的个性让出一个自由发展的空间,让他们的个性灿烂,不仅体现了教师的宽容,更是对个体生命的尊重!

4. 给学生多元评价的选择

作为教师,时时不忘树立威信是容易的,而偶尔为之的俯身倾听是难的。利用自己的威信引导班级舆论是应该的,而顺从学生的不同意见却又是难的。由此,我们教师往往很容易用自己的"凶"来左右孩子的判断,有些学生一看见班主任的脸色,就会见风使舵,认可班主任表扬的,鄙夷班主任批评的。然而,老师总是对的,而学生总是不对的吗?其实因为成绩不佳、调皮不守规矩的学生中有许多具有相当的活动能力与交际能力。脱离校园的环

4 照耀
不要在冬天里砍倒一棵树

境,他们也许正是综合素质上佳的佼佼者、广受同龄人欢迎的"万人迷"。

所以作为老师不妨放宽心,引导学生对别人进行多元评价,而不是仅用分数、听话来判断好坏。此时的老师,不应是高高在上的审判者,而应是与学生平等讨论的对话者。当学生对于某事物的评价与我们期望的相左时,不要急于否定纠正,而是耐心地做学生心灵的倾听者,先理解、尊重、信任学生,听听他们的评价是否合理。善于倾听与理解他人的教师也是宽容的教师,而宽容的教师才能培养出自信、懂得自我激励的学生,才能与学生真正合作、共赢。所以,尊重学生的观点、给他们多元评价的选择,让他们的思想更多彩,让他们的观点更丰富,让他们的思维闪烁智慧的火花!

三、星星之火,可以燎原

在开展以感恩党为主题的班队会时,为了让班队会跳脱"形式"、"空谈"的泥潭,我与班干部商量了几个与党的活动息息相关的话题:

1. 学生生活的社区中有党员,而学生定期的社区服务就是接触党员的直接平台。
2. 学生的家属中有党员,甚至是有参加过革命的老党员。
3. 学生家中老一辈的亲属总会有爱唱的红歌,由红歌可以牵引出对党的感情。
4. 利用学校与本地张充仁纪念馆的合作关系,派遣学生体验做讲解员的辛劳。
5. 利用班级近期发生的事件:中日钓鱼岛争端背景下,学生对于"哈日"是不是汉奸的争执,与落选荣誉升旗手后的失意,挖掘学生内心对于党和国家的热爱。
6. 从对衣、食、住、行的感受谈谈党的政策对生活水平的影响。
7. 开班会的前一周,学生正好要进行神圣庄严的换巾仪式。
8. 去年学校曾组织学生观看电影《建党伟业》,学生留下新鲜印象。

我相信,来自于生活的教育才是真教育,才有足够的说服力和旺盛的生命力。所以在准备过程中,尽管我也对课进行过精心打磨,但重点在于挖掘真实材料中的价值,而非凌驾于学生实践体验之上的刻意排演。上完课后,与我前两年开班队课的效果大相径庭,我庆幸没有图省事完全采用班干部设计的方案。比较下来，主要在以下方面差异较大：

1. 教育内容的容量

原先开的班队课，总觉得课堂容量单薄，环节推进缓慢迟滞，大量的时间用于讲解党的知识、党的历史、先进党员形象，如同照本宣科念教科书。虽然也有朗诵、歌唱等艺术形式，但由于缺乏生动的社会实践和生活体验，课堂显得不够开放、灵动，因而说教气息浓厚。对于新时代要感受党的温暖的学生来说，这样一味知识灌输似的班队课显然不能符合他们的需求。而采用最近的这一次方案后，情况就大大改善了。课堂上了解党史仅仅成为略笔，而大大增加了学生交流体验的时间。学生"仁者见仁，智者见智"，并且均有实践经验和亲身感受为据，表述充实而有力，彻底跳脱了谈党只能唱高调的窠臼。相对于教学目标来说，这堂课也完成了既定目标。学生既增长了知识，又提升了情感境界。

2. 课堂教学的深度

回想我原先开的班队课，学生们在下课的一刹那同时松了一口气，如释重负，似乎收获还没压力大。而这次开完课后，紧张兴奋的同学们不约而同都期待地问我他们表现得怎样。看来他们很满意，也很投入地参与其中。我想，这是浅表的说教所不能具有的吸引力。正是由于生活实践的介入，让教学环节的深度成梯度上升之势。学生不仅能知道党的知识，而且还能体会直至今日党给予百姓实实在在的实惠。更重要的是，部分学生还能感受到比党带领我们奋斗、得到的物质财富还要宝贵的，是党员无私奉献的精神。我们有时往往太过关注有形的钱财、物质，但却忽略了创造物质的人的精神、智慧与汗水，其实这才是根本。这些丰富的层面，通过生活实践都得以环环相扣地达成。这样的课堂不仅仅是普知的，更是教育人影响人的，令同学们更加发觉党的伟大，并更加确信党的领导。

3. 课堂教学的活跃度

我早先上的那堂班队课，由于教学内容单一，学生的紧张程度也稳定在一个水平上。由于不了解、不敢动，不少同学带着"为赋新词强说愁"的为难，课堂几度比较沉闷紧张，学生的积极性活跃性也很难调动，热情和兴趣就这样被慢慢消磨了。沿着被动接受的轨迹，

4 照耀
不要在冬天里砍倒一棵树

课堂不温不火,死气沉沉。而这次的班队课,光是丰富的活动就足以让学生提起精神。多媒体的运用能映照出本班学生活动的片段,令同学们倍感好奇。被展示的同学无比自豪,而观看的学生也会跃跃欲试,羡慕实践活动的精彩。来自于学生本身的教育资源,成了最能打动学生的秘密武器,课堂上学生的演说越发大胆自信,课堂气氛也活跃了许多,为总结提升铺垫了充足的空间。

这堂课最大的成就感,就是较大尺度地拉近了学生与中国共产党的距离,让学生面对党有真心话说,有恩要谢。

  学生的两分钟预备铃总是不能做到安静有序地等待老师上课。无论是任课老师的苦口婆心还是班主任的严厉训话,"军师罚不责众",实在没有什么很好的方法。一次预备铃打过后,我进教室的第一时间又是一声大吼。学生看到我严厉的面孔后立马收敛回位,等待班主任的一阵批评指责。正当我思考着用什么新词批评这帮淘气包时,忽然有了逆向思维的灵感:为何要用学生的错误来惩罚自己生气呢,应该让他们去反思。"全体起立!"学生茫然地看着我,纷纷起立等待下一步的"审判"。"把今天要上的课文读一遍!"不知道老师葫芦里卖的什么药,学生们都很紧张,响亮而卖力地读起来。与此同时,上课从来都是站着的我,拣了讲台旁一张椅子,舒舒服服地坐了下来。长长的课文读完了,我也"休息"了很久。与此同时,学生们小喘着气,似乎就等着班主任发话的那一刻。我终于开口了:"读完了,有什么感受?""累!"学生几乎异口同声。这正是我要的效果,然而还不够。"你们只是感觉到自己很累?"有学生说:"老师也很累。""老师累什么?"我穷追不舍。"老师天天叫我们安静,很累。""是的,同学们,我不仅嗓子累,心更累。因为我让你们遵守预备铃秩序,你们总是不听,我的功夫都白费了。"班里一片安静。我想有些同学应该起了反思。我总结道:"你们早就知道预备铃秩序。今后如果哪天我一进教室就在椅子上坐下了,就请你们站起来,因为这代表你们没做好。"

之后,我们班的预备铃纪律在班委的负责管理下,有了很大进步。从中我悟到,管理班级有时也可以不用劳累嗓子、说破嘴皮、说得彻底。给学生适当的留白,他们会发现自己的问题并改正的。

  我班有一位较特别的男生。他学习认真却从不向老师寻求帮助,见到老师总会害羞地刻意回避,遇到其他同学与老师走得近一些,还会说别人是"马屁精"。一开始,我也不喜欢他的性格,认为这种孩子不讨巧,不够灵活。然而之后的一件小事却让我对他另眼相看。

  一次学生们上完课从体育馆回教室,我按照惯例问他们纪律的情况。几声"很好!"从人群中冒出。正当大家准备解散时,突然一声极不和谐的"好个屁!"让大家都愣住了。是他——那个男生。经过询问查实后,的确当天纪律并不好,只是几个淘气包首先想欺骗老师掩盖"罪行",班干部和其他同学也想息事宁人,就没有反驳。我恍然大悟:平时自己最信任的同学此时也噤若寒蝉,却是我最不喜欢的他,顶着被同学记恨的压力,反馈给了我真实的情况,做班主任真得擦亮眼睛啊!回想起以前的种种,他的不知趣、他的不乖巧,也许正是他保持正直人格的作法。以前我生日时,他也曾怀着真诚的笑意独自来到办公室轻轻地说一声:"老师生日快乐!"多么单纯的孩子!现在的社会,多的是见利忘义、趋炎附势的鼠辈,少的却是能保持品格、正直善良、敢说真话的君子。

  作为老师,我们不应以自己的好恶来压制学生的个性发展,而是要留给他们保持自我独特个性的空间,扶持他们、理解他们、欣赏他们,让他们也自信地欣赏自己。我当即就表扬了这个不和谐的声音,表扬了他说真话的性格。现在这男生通过选举成为了班干部,用他的真诚与负责为班级管理做贡献。我希望他能一如既往,用这种人格魅力影响更多的人。

  小黄是班里几乎人人头疼的"问题生"。他学习成绩、行为规范都不好,还爱发脾气,总喜欢欺负同学。但我也纳闷,为什么这样讨厌的小黄身边也总是少不了善良同学做玩伴呢?有一天中餐,我无意中发现小黄正将家里带来的菜肴分享给周围的同学,他们都吃得津津有味。原来,在我眼中时常以作业质量、调皮次数来给学生打分,

4 照耀
不要在冬天里砍倒一棵树

而到了学生那儿,这些统统都是次要,紧要的是"哥们义气"、大方。小黄见到我一脸尴尬相,而我却没有制止,只是微笑以待,上前轻声提醒他下次少带一点,缩小影响面。小黄感受到了我的宽容,听话地照做了。以前,他从未如这次这般顺从,总是要与老师反复"斗争"。

我想,同学们的反映给了我启发:平时我们总是以成绩来要求孩子,却忽略了他们别的地方的闪光点,于是有些学生就成了老师口中、班中舆论的"坏孩子"。其实再特殊的孩子也有慷慨大方的优点,在评价孩子时,我真的应该放弃狭隘的眼光,也给学生多一点多元评价的空间,让他们也能全方位地评价别人、评价自己,获得自信!

作为班主任,我与我的学生相处了一年多。在我的引导下,他们纠正了许多刚入校时的不良习惯,同时也没有丢失成长的快乐。在孩子的成长过程中,有一些空间是要家长、老师填补的,有一些空间是要同伴、环境绘就的,有一些空间是要留给他们自己生长的。给孩子一些由课内延伸到课外的空间,给孩子一些自我反省的空间;给孩子一些保持自我、认清自我的空间;再给他们一些多元评价的选择,他们会很灿烂,他们会很多彩!

(撰稿者:张姝妍)

孩子心里美滋滋

"快乐学习,自能发展"提示:
给孩子一点赏识,让他们去灿烂。

一、爱孩子就该赞美他们

学生是赏识出来的。赏识,就是对学生言行举止予以肯定、表扬,从而激发学生的自信心,调动学生的积极性。赏识,要求教师热爱学生,以学生为本,与学生建立民主平等的和谐关系。通过欣赏和赞扬,使学生自尊、自爱、自强,以提高学生的学习兴趣,挖掘其学习潜力,让他们健康成长。赏识本质就是爱,就是对学生高度负责,没有赏识就没有教育。

二、每个孩子都渴望得到别人的尊重和欣赏

1. 赏识,让学生自信

美国著名的心理学家威谱·詹姆斯研究发现:受过激励的人,其能力是未受激励前的3—4倍!赏识本身就是一种激励。赏识的实质就是承认差异、尊重差异。成功的实质就是不怕失败,消除自卑、胆怯、懦弱恐惧、焦虑等心理,树立信心。在平凡、平庸之中,捕捉学生

闪光之处加以赞赏,把常态因素转化为积极因素;在进步、提高之中,评价赏析成功因素,强化欲望、激励内力、扬长补短;在成功、卓越之中,赞扬其特点与优势,促进形成个性特色;在失败、挫折之中,多一点包容,寻找正确和有利因素,增强自信心!作为教师,决不能吝啬自己的赞语。要善于发现每个学生的点滴进步,及时肯定,大力表扬。对学习或表现好的学生,大的进步要公开表扬;对学习困难或有小毛病的学生,小的进步也要公开表扬。教师要善于利用激励和宽容的评价原则,捕捉学生学习的闪光点,多表扬,少批评,多肯定,少否定,使每个学生在既轻松愉快又紧张的状态下,学习和掌握基础知识。美国著名的心理学家威谱·詹姆斯有句名言:"人性最本质的特点就是渴望得到别人的尊重和欣赏。"满足学生这种心理需求,就要发现学生身上无穷无尽的闪光点,加以赞赏。可使学生产生愉悦的心理体验,在愉悦的情绪中,学生更容易接受教师的教诲,起到"良药不苦口,可以利于病;忠言不逆耳,可以利于行"的良好教育效果。

2. 赏识,让学生觉醒

中国赏识教育创始人周弘讲过:"赏识的奥秘在于让学生觉醒,每个生命觉醒的力量都是排山倒海、势不可挡的!"赏识让学生知道自己还有很多优点和长处,逐步形成燎原之势,在"我是好学生"的心态中觉醒。而抱怨只能让学生看到自己的弱点和短处,自暴自弃,在"我是坏学生"的意念中沉沦。

3. 赏识,让学生人尽其才

陶行知先生谆谆告诫我们说:"你的教鞭底下很可能就有牛顿、爱迪生、爱因斯坦。"每个学生聪明才智和天赋不尽相同,在同等条件下,有的在这方面有突出的天赋,有的在那方面有惊人的成就。教师要善于发现学生的天赋,通过赏识教育,挖掘学生的潜力,发挥其特长与个性,使人尽其才。针对其个性进行赏识教育,发展学生独有的才智,促进学生全面发展,使其走上成功之路!

4. 赏识,让学生获得成功的体验

教师和学生在人格上是对等的。尊重学生的人格,要学会倾听,学会请教。我们要蹲

下身来平视学生,倾听学生说话,让学生感受到被尊重。那种只说不听,而且规定学生必须听好,不听还要罚站的做法,就违背了尊重的原则。学生身上有许多真善美的东西,许多灵性的东西。我们蹲下身来,虚心向学生学习、请教,不仅是对学生的承认与尊重,也是促进我们教师成长的良好方法。每位教师要学会宽容,真诚善待每一位学生。在课堂上,没有厉声的训斥,没有唠叨的说教,而是用灿烂的微笑、亲切的话语,使学生的心灵得到触动,错误得以改正,这就是宽容。教师的宽容,可以缓和师生之间的紧张关系,使学生逆反心理转变,防止学生产生抵触情绪,使"严"收到最佳的效果。教师最大的毛病是不许学生出错,导致学生只知自己的缺点,看不到自己的优点。"金无足赤,人无完人"我们大人都会犯错误,更何况是孩子呢。对待孩子的行为,不要一味去抱怨、指责。因此,以宽容大度作为自己的工作艺术,得到孩子的敬佩和爱戴。

三、孩子心里美滋滋

初一年级(4)班的沈同学是一个非常聪明的男孩。我早就听说过他的大名。他还在读预备年级的时候,同一办公室的地理老师就常常跟我说到他:上课注意力不集中,不听讲,虽然不跟别人说话,但常常沉浸在自己的世界里,上课做小动作,作业经常不交,考试不及格……

去年的9月,由于担任他们班级历史课,我有幸认识了他。他留着短平头,眼睛并不大,身体偏瘦,看上去挺机灵的。开学初的几节课,他确实如地理老师所说的那样,作业不做不交,上课不听讲(要么睡觉,要么做小动作)。怎么办?是智力问题还是其他问题,我决定试试他。于是,我对他提出了作业上的要求:只完成填空题,其他题可以不做。刚一开始,他需要在我的督促和指导下完成作业。我发现,他并不是智力上有问题,完全是学习态度上有问题。我觉得他还是非常有希望的。于是,课堂上我常常让他回答问题,一旦分神马上提醒他,让他完成作业后直接把作业本交给我。慢慢地,他开始有了变化,上课不再睡觉了,但有时还会做做小动作,比如:玩玩笔或胶带什么的。作业上面,他也有了变化。看到了他的显著变化,我就抓住机会及时表扬他。得到了老师的表扬,他也美滋滋的,学习上更加用心、更加自觉了。他开始在学习上有了良好的习惯,不用我督促也能按时完成作业。

4 照耀
孩子心里美滋滋

上学期的期末历史考试,他及格了。到今天,他不仅能按时交作业(从来没有不交的情况),还和其他同学一样,只要是老师布置的作业,他都能够完成。我还发现,他还是一个特别有礼貌的孩子,见到老师总会礼貌地叫声"老师好"。当然,对他我不能放松,要一如既往地关心他、爱护他,让他能够更好地发展。沈同学的变化,让我深深体会到了赏识、肯定、夸奖对于学生的快乐成长的作用。

总之,人性最本质的需求就是渴望得到别人的尊重与欣赏!赏识教育顺应时代潮流,充满人文关怀的全新教育理念,是挖掘学生生命潜能的教育,是打破传统功利色彩、注重生命发放光彩的教育。它追求的是生命的自信与尊严,它倡导的是成长的快乐与喜悦。赏识就是爱,没有赏识就没有教育。学会赏识,就学会了爱。赏识是热爱生命、善待生命;赏识是帮助失败者找回自信,重建精神世界大厦。愿赏识教育在我们每一个教师心里开花结果,把学生培养成为一个充满自信、富有爱心、心智发展健全的人,让学生的人生更加和谐、圆满、幸福!

(撰稿者:李清娥)

每个孩子都渴望得到阳光的照耀

"快乐学习,自能发展"提示:

给孩子一点赏识,让他们去灿烂。

莎士比亚说过:"赞美是留在人心灵上的阳光,没有阳光,我们就不能生长。"经常赏识表扬学生,是对学生日常进步的肯定,能固化学生的自信心,激活学生的潜能,是促进学生进一步提高和发展的强心剂。我们在日常的教学中,要注重赏识教育。赏识教育是开启学生心灵的钥匙,是使人将自身能力发展至极限的最好方法。增强学生的主体地位,充分调动学生学习积极性,引导学生主动参与学习、积极思考、主动探究、自觉实践,让学生始终保持一种愉快的情感,使学生自觉、主动地投入到教与学的过程中,形成和谐的教学气氛。给学生一点"赏识",学生就会"灿烂"。我们要用赏识的眼光来激发学生对学习的兴趣。那么怎样来利用赏识教育使学生产生学习兴趣呢?

一、每个孩子都渴望得到阳光的照耀

在英语教学中,教师应该自始至终关注学生的情感,努力营造宽松、民主、和谐的教学氛围,真正做到尊重每个学生,积极鼓励他们在学习中的尝试,保护他们的自尊心和积极性,努力把英语教学与情感教育有机结合起来,创造各种合作学习的机会,促使学生互相学

习、互相帮助,发展合作精神,建立融洽、民主的师生交流渠道,经常和学生一起反思学习过程和学习效果,做到教学相长,为他们保持积极学习态度提供有力的保障。教师通过赏识教育,能缩小师生间差异,拉近师生情感距离。

教师要尊重学生,理解学生在学习英语方面的困难。也只有在这样的前提下,英语教师才会更用心地去主动创造更充裕的时间和空间,了解、剖析、关爱学生学习英语的情况,为孩子提供最适合的英语教学方法,也才会用欣赏的眼光去看待学生在学习英语中的每一个细微的进步。只有教师放低身段,和学生平等相处,英语教学工作才有更好实施的土壤。在课堂教学中,老师真正走到学生中间,营造一种和学生"等高"的平等气氛,让学生在轻松的环境里率真地袒露他的一切,这是教师能欣赏学生的基础。在教学过程中,教师不妨多用"Please","Thank you","I'm sorry"等礼貌用语,而且可以结合教学实际,适时地使用"Would you please…"等语气较委婉的句子,这样既能复习交际用语,又能使学生对教师产生亲切感,形成积极学习英语的感受。

二、在英语教学中尊重差异,赏识长处

1. 你说他行,他就行;你说他不行,他就不行

每个学生学习英语的天赋不同、外部条件不同,自身努力程度不同,决定了学生们在学习英语方面存在着差异。这些个体差异的存在,提醒着教师在教学中要尊重这些差异,赏识学生的标准要根据孩子学习英语的实际情况有所不同。只有尊重学生们的学习差异,才能使教师的赏识得体地运用于每一个学生。要善于发现学生的优点,了解学生的优点,并加以真诚的赞美。被接受、被认同的心理是每个人都有的。对于大多数学生来说,你说他行,他就行;你说他不行,他就不行。学生们一旦得到老师真诚的赞美,就会产生积极向上的力量,因为学生都有表现欲,获得的赞美越多,就越希望做得好,慢慢地,他们的英语知识水平就会越来越接近教师的期望值。总之,一个不会赞美的老师是不会受到学生欢迎的。

2. 教师的一个真诚的微笑

哲学家基里尔·瓦西列夫这样说:"爱的微笑像一把神奇的钥匙,可以打开心灵的迷

宫。它的光芒照亮周围的一切,给周围的气氛增添温暖和同情,殷切的期望和奇妙的美景。没有微笑的人生是单调的。微笑在脸上,起源在内心。"教师之于学生,更需要真诚。近距离接触,长远影响。微笑的教师易受学生的欢迎。教师的微笑蕴含着和蔼、慈祥、热情、富有同情心、热爱学生、敬业等优良品质。在教育教学中,教师的微笑要真诚热情,即便是否定批评,也要以真诚的微笑来否定,而不能冷笑、讥笑。教师的笑必须是发自内心的笑,是一种甜甜的笑。教师恰到好处的微笑,能够创造一种愉悦、融洽、宽松的教学氛围,使学生轻松愉快地学习。

3. 教师的一句鼓励的话语

信心、自强是英语学习获得成功的重要因素。研究表明,智力水平不是影响学习的主要原因。要想学好英语,必须靠自身的努力。而学生一旦有了英语学习的自信心,他们英语学习的动机才能更加稳定和持久,也才有更强的学好英语的毅力和克服困难的恒心。如何树立学生学习英语的自信心呢？其中一个方法就是教师无论是在课堂还是在作业的批改上,尽量有针对性的多使用鼓励性语言。表扬鼓励不但可以使学生产生自信心和成就感,保护学生自尊心,激发学生积极情感,使学生心理上获得满足,形成继续学习的动力,更可以促进知识迁移,形成知识网络,使情感得到升华。如在课堂上,我们可以用下面的一些话来及时对学生回答的问题进行肯定和表扬,一定要让学生感到老师是在由衷地夸奖他,使他们有成就感。

(1) Great! Wonderful! Excellent! Well done / Good job!

(2) You're very bright / clever / smart.

(3) That's a good / great / bright / idea.

(4) Don't be shy. I believe you will do it better.

(5) I quite agree with you. I certainly agree. I couldn't agree more. That's my opinion, too.

对学生有创意的、创新的思维火花及灵感,发言中的闪光点也可以使用以下的用语: What a bright idea! Thank you. /That's a great answer. /You did a good job! /Good point! /Good job! / Perfect! / I couldn't believe my ears! 让学生体验到我们的信任与鼓

励,并使学生感受到一种宽松的、适宜沟通的课堂气氛,则有助于师生、生生广泛地交谈、合作,有助于缓解学生的紧张情绪,树立学生英语学习的自信心,同时使学生产生新的学习热情,增强自学能力,培养良好的英语学习情感态度。

4. 赏识学生的每一个进步,激发兴趣,挖掘潜力

赏识教育之所以能成功就在于它能够激发学生的潜力,满足学生内心深处的需求。由外到内的正向激励能满足孩子内心的积极因素,形成肯定的自我意识。这种肯定自我的多次沉淀,就会积累孩子的成功感,就会种下自信的基础,这对青少年的成长至关重要。这种由外到内的"你能行"的环境,就能内化为"我能行"的积极行为。每个学生都拥有巨大的潜能,这就需要我们教师利用有效的方法,捕捉学生学习的闪光点,多表扬,少批评,多肯定,少否定,用积极温暖人心的话推掉压在无形生命上自卑的巨石,让孩子的潜能像火山一样爆发,使每个学生在既轻松又激烈紧张的状态下学习和掌握英语基础知识。

5. 学生需要赏识,但也要有限度

孩子是需要赏识的,但赏识要有节制,要有原则,要有具体目标,否则"赏识"就是一种让人上瘾的毒品,单纯的赏识将造成教育的灾难。

首先,赏识不可能解决一切教育问题,"相信每个孩子都是天才"绝不等于"每个孩子就是天才"。换句话说,"赏识"其实改变的并非是孩子的现实,而是改变了孩子的心理感觉。如果对赏识缺乏必要的控制,无限度地对孩子全方面"赏识",孩子的心理感觉与孩子的现实便可能出现很大的差距。这时,孩子便可能满足于"赏识"提供给他的幻梦,而不愿去面对现实。其次,赏识是一种重要的激励手段,它之所以有效,一个重要的心理前提是每个孩子都希望讨大人欢喜,每个孩子都信任大人的权威。无限度赏识又会埋下一种危险。危险在于:许多孩子已经养成了因为表现良好就期待奖赏和刺激的习惯,他们念念不忘表扬,因为做好了一件事情而想得到金色的五角星,父母的夸奖或者金钱奖励。在整个童年以及少年时代,他们或许会是父母、教师心目中的宠儿,但一旦成人,赏识失去作用,他们便或多或少地感觉失落,他们没有学会从自己的行为本身获得满足和动力,他们没有学会自己为自己加油。赏识更意味着信任。每个孩子的发展都有无限的可能性。教师应该以发展的眼光来审视学生,以平常心对待孩子身上所显现出来的不足与缺陷。长其善,而救其失。教师要有这样的信念——也许他们不是天才,但他们一定能成才,从而永不放弃任何一个学生,不让一个学生掉队。喜欢被人欣赏,这是人的天性,学生与成人一样。教师面对学生时,往往会缺少一些欣赏,而多了一点要求和责备。对一个人的欣赏,也就是对他的赞美和激励。这会使被欣赏者充满自信地去实现和接近那人生旅途上不断涌出的目标,如神奇的风一般推波助澜。对于一个成长中的学生,你最好的礼物是给他多一些的期待,而不只是要求与责备。

总之,要实施赏识教育,应该点面结合,从小方面着手,在平时教学的每一个环节中把它落到实处。也许现在效果并不明显,但我相信,持之以恒地坚持必定会换来最终质的飞跃。只要我们让赏识教育的种子在英语教学这片土地上生根发芽,我们就能开拓一块学乐融融的灿烂天空,也一定能看见棵棵充满生命力的大树。

(撰稿者:彭华)

师生间的"化学反应"

"快乐学习,自能发展"提示:
给孩子一个平台,让他们在律动中协调发展。

给学生一个平台,就是说在课堂上,教师要给学生提供相互交流、相互协作、相互切磋、共同参与的机会与环境,要把权利交还给学生,留给他们自主选择的余地,让他们在自主选择与合作中学会沟通,学会互助,学会生存,从中体验成功的喜悦。

一、每个孩子都是一个独特的生命

化学课堂中"一个平台"的内涵主要表现在:给学生学的平台,给学生问的时间,给学生讲的机会,给学生"动手"的安排。总之,在教学的过程中,尽可能地给学生一个宽松、自由的氛围,让他们有充足的时间思考,能充分地表达自己的想法,在学习中对自己有足够的信心和兴趣。

课程标准指出"学生是学习和发展的主体","教师是学习活动的组织者和引导者"。依据课标精神,我们应该摆正教师、学生和教材的位置,立足学生发展,增强角色意识。我们必须认识到:学生是主体,他们不仅有在老师的组织下进行共同学习的义务,而且有自主选择学习内容、学习伙伴、学习方式进行个性化学习的权利,教师是为学生服务的,应该为学而教,因学论教。

尽管中学生年龄相对较小,但他们每个人都是一个独特的生命。因此,他们的兴趣爱好、知识经验等都存在不同程度的差异。在教学中,如果只把学生当客人,让他们被动地接受教师指定的学习内容,那么,这样的教学只能让孩子们兴趣大减,丧失学习的兴趣。其实,我们不妨多让孩子吃些"自助餐",让孩子们有选择地学、有选择地说、有选择地问……甚至让他们自己来设计喜欢的实验,充分发挥他们的主体性和创造性。

陶行知在几十年前就提出:课堂教学要使学生得到"六大解放",即大脑、眼睛、手、嘴、空间和时间。其主旨就是还给学生学习的自主权,让学生积极参与教学,自觉自主地学习。课堂应该是学生的天地,在这个天地里,让学生通过自己的努力,充分地感悟教学内容,从中激发创新思维、发展智力,最终达到掌握知识的目的。

二、学生唱主角的课

如何使化学教学突破传统的束缚,焕发出生命的活力,激荡起创新的火花呢?我认为十分重要的一点是,在学生进行学习活动时,教师给予充分的、多方面的平台。那么,我们在课堂上应该还给学生哪些平台呢?

1. 把"学"的目标抛给学生

今天要学什么内容,要掌握哪些知识点。学会哪些技能和掌握哪些解题能力,往往只有教师在备课时考虑,而学生根本不知晓。如果一上课让学生知道,学生就会有的放矢地学了。这也是给学生一个知情权。

2. 把"问"的权利还给学生

传统陈旧的教学模式是"教师讲、学生听;教师问、学生答"。课堂教学中,教师唱的是主角,学生则是配角,是知识的被动接受者,学生的学习是被动的学习,其主体地位根本就无从体现。教学,究竟是教服务于学,还是学为教服务,教学论对于教学目的的阐述是非常明确的。"教师唱主角的课",绝不是好课。

学生在学习中的主动,是其求知欲、学习动机、学习兴趣的表现,也是教师调动的结果。学生在课堂上的主动,表现在方方面面,如主动求解,弄懂自己所不懂的知识,学会自己所不掌握的技能。主动求疑,把自己的疑惑提出来,问老师,问同学;主动求异,即说出自己的不同意见,甚至展开争论,从而达到正确理解;主动求法,即自觉运用学过的学习方法或创造新的学习方法,使学习过程更扎实,更有效;主动求博,即在学习中能够旁征博引,扩大学习的外延,使学习更深入。

　　布鲁纳说过:"知识的获得是一个主动的过程,学习者不应是信息的被动接受者,而应该是知识获取的主动参与者。"学生要主动参与学习,就应当学会提出学习中的疑问。"学贵有疑,学则须疑",疑是探求新知的开始,也是探求新知的动力。化学课上,把"问"的权利还给学生,让学生自主发现问题、提出问题,可以使教师的教学更有的放矢,可以引导学生深入理解,可以促进学生主动探究,激活学生的思维。因此,教学应体现学生的自主发问,激励学生大胆地发现问题、探讨问题,培养学生质疑问难的能力。对于学生的种种提问,教师应当引导学生进行归纳选择,自主确定课堂教学目标,学生有能力解决的问题,决不多讲,学生感兴趣并与内容密切相关,学生自学有困难的,要及时组织讨论解答。

　　从教学过程看,它不仅仅是一个知识的单向传递,而是在教师的组织和指导下,将各种有关的信息、要素激活,在多向传输的过程中,主体的思维积极性被充分调动,研读问难、质疑问难、切磋商讨、热爱质疑、学会质疑。教学的最终目标指向,就是让学生成为学习的主人,成为学生自己生命的乐趣和生活的需要。

3. 把"讲"的机会让给学生

　　叶圣陶说过:"书是教不完的,课文无非是个例子,要引导并教给学生读书、看报的技巧能力。"遵照此原则,教师应尽可能地抑制自己的表演欲,把课堂的舞台交还给学生,让他们在教师的引导下自主学习、探究学习、合作学习,使他们在实践中培养听、说、读、写的技巧能力。比如,给学生充分的阅读、思考和练习的时间,不要因为教师的讲解而克扣学生讲的时间,教师应精讲,组织学生练讲,收到举一反三的效果。

　　课堂上,教师的精讲是必要的,但学生主动表达自己认识、感想的交流更重要。教师要引导学生深入思考,这是化学教学能否深入的关键。知识点的认识,知识点的理解,应用知识点的把握,知识点的领悟等无一可以离开思考。教师必须设法引导多提供学生充分发表自己见解的机会,而组织课堂讨论,能最大限度地让每个学生都有发表见解的机会,真正使学生动起来,课堂活起来。分小组讨论是时下课堂中常见的形式,它体现了自主、合作、探究的学习方式。作为"平等中的首席",教师要参与到学生的讨论活动之中,以获取信息,及时调整课堂教学。

我们教师不要重蹈"满堂灌"的覆辙,"满堂灌"忽略了学生的主体地位,教育同仁都有共识,部分教师之所以满堂灌,一讲到底,主要原因还是不相信学生能力,害怕放手让学生表演耽搁了时间,完不成教学任务。须知,教学任务的完成并不取决于教材内容的完整传授,而应取决于教学效果,即是否真正训练了学生思维,培养了学生能力。如果不敢放手,他们就永远不会自己走路。可是,他们要走的路还很长,我们不可能永远扶下去,所以为了真正达到不需要教的目的,教师就应充分相信学生,多给他们讲的"权力"。

好的化学课,应将课堂讨论有机地贯穿于整个教学过程中,对重点、难点分散在其中,设计铺垫议个透。在议论中,教师要引导学生从书中找到根据,发表自己的见解,特别是与众不同的见解,让学生在议论品评活动中自己去尝试,鉴别,理解和学会运用。对于学生思考后所发表的观点,教师应及时给予一定的表扬,鼓励,让各个层次的学生都尝到成功的乐趣。

4. 把"动手"实验纳入课堂

化学教学的现状多为"君子动口不动手"。实施新的课程标准要求我们改变以往上课只是老师讲,学生听,课上得头头是道,但学生对一些知识没有感性认识,课上听懂了,课后马上忘记,练习也是纸上谈兵,日积月累淡化遗忘,把"动手"实验纳入课堂,做到"君子动口又动手"。每个知识点后再匹配一些习题要让学生消化巩固,这样既加深印象又理解,也有利于书面语言的表达训练。课堂上动手练的时机和方式是多种多样的,必须遵循学生的认识规律,优化"动手"实验的内容和练的习题。

"动手"是强化教学效果的重要措施。实践出真知。学生知识的把握,技能的形成是在实践中体验、感悟的。化学课知识点的识记,关键词的理解,解题能力的提高都离不开练习。特别是"动手"的练习,更不可忽视,所谓"熟能生巧"道破了"动手"的长处。练是培养化学兴趣的重要方面。一堂饶有兴趣的化学课,不但能极大地吸引学生在课堂上的注意力,把课堂教学引向深入,还像磁石吸铁,把学生的爱好拉向化学方面。培养学生兴趣的重要意义,决不亚于知识教育。

三、当两个氢原子遇到一个氧原子

教学"氧气的制取"这节课时,我上课前先把教学目标用 PPT 投影给学生看,学生就知道我们这节课要学什么了。

没有激情的课堂就好像一潭掀不起波浪的死水,严重缺氧,老师讲得无精打采,学生听得昏昏欲睡,课堂教学收效甚微。课堂上我们面对的是朝气蓬勃、天真活泼、热情奔放、奋发向上的中学生。营造一个充满活力的、富有冲劲的课堂教学情景,将最大限度地激发学生的学习热情,充分调动学生的思维潜能,使教与学和谐发展。如学习"CO_2 和 CO"一节内容时,黑板上写了"论 CO_2 和 CO 的功与过"几个大字,学生顿时一片哗然,怎么物质也有功过呢,激起学生的求知欲望。接着把学生分成两组展开激烈的讨论,一组论功,一组论过,把黑板用线隔成两部分,同学们争相上台写,不一会儿,黑板全写满了,两者功过一目了然。

学生的学习激情很大程度上源于他们的老师。老师乐观向上的精神面貌,潜移默化地影响着学生;娴熟的实验操作技能,极大地赢得学生的信任;富有活力的教学语言,像磁铁般地吸引着学生。教师在课堂上营造的一个个鲜活的教学场景,让学生充满好奇和渴望,跃跃欲试。如在"金刚石、石墨和 C_{60}"的教学中,以"骄傲的金刚石和谦虚的石墨"为题编了一段对白,物质的人性化表现形式,激起学生对学习的浓厚兴趣,激发了学生的情感,使他们快乐地参与到课堂教学中来。教学过程是为学生的发展而设计的,教师必须充分运用自己的智慧,使课堂教学有活力,有情趣。课堂教学是人与人心灵的最微妙的相互接触,教师亲切友好的教学态度,拉近师生间的距离,让学生感觉到老师就像朋友,师生间有了真情实感的交流,这样,生机勃勃的学习氛围就会悄然形成了。

在化学实验教学中,教师精心营造一个民主、和谐、开放的教学氛围,有利于促进学生自主探究、合作学习,实现学习方式的根本转变。新教材中设置了大量的"活动与探究"栏目。活动与探究是研究性学习的重要内容,教师是探究活动的组织者和引导者,创设问题情景,给学生自主探究的机会,让学生在实验探究中认识知识的发展与形成,体验学习的方法与过程,培养学生研究意识和技能。如在探究 CO_2 制取的实验中,提出问题:"我们知道 C 在 O_2 中充分燃烧生成 CO_2,还有哪些反应能生成 CO_2 呢?"请把化学方程式写在黑板上。很快学生总结出六种方法。"这些都能用于实验室制 CO_2 吗?"学生展开了激烈的讨论,经过热情踊跃的补充完善,得出实验室制取 CO_2 必须满足药品易得,操作简便,反应安全,反应速度适中等条件。接着通过大理石和稀硫酸反应、碳酸钠与稀盐酸反应,大理石和稀盐酸反应三个实验,让学生根据观察的现象对比分析,得出制 CO_2 的最佳方案。在探究过程中,学生以研究者的身份,参与探索、发现等获得知识的全过程,使他们体会到通过自己的努力取得成功的快感,从而产生浓厚的兴趣和求知欲。

在化学课堂上,教师要使学生能以宽松的心态,自主的思维,亲历认知过程,让学生因能主动获取知识与技能而对学习充满自信。如在学习灭火原理时,把一个烧杯盖在燃着的蜡烛上,蜡烛过一会儿熄灭了。这时,有一位学生提出"若把烧杯盖在两支高低不同的燃着的蜡烛上,哪一支先灭呢?"问题一出,全班同学都急于找答案。我让学生上台动手实验,得到答案,同学们都很高兴。在教学中,教师要不断创造给学生展示自己的空间,鼓励学生参与讨论、总结。如学完 O_2 的性质、用途和制法后,让学生以"O_2 的自述"为话题,上讲台总结;又如学完分子、原子和离子时,让学生扮演不同的粒子,描述"微观世界之旅",表演者幽默风趣的语言和动作,惹得全班同学哈哈大笑。没有压抑感的课堂,解放学生的口,解放学生的手,解放学生的脑,让学生充分发挥自己的想象力,快乐地学习,创造性地学习。在教学活动中,我们教师只有将尊重植入课堂,将真情注入课堂,将关爱倾注给学生,才能使每一位学生在阳光下,在雨露中,茁壮成长。

传统的教学过分强调教师的主导作用,常常是教师讲,学生听,教师"包办"整个教学过程,学生很少参与到教学活动中来,久而久之学生的学习主动性受到压抑,思维禁锢,影响学生智能的发展和素质的全面提高。在新课程标准理念下,培养和促进学生智慧潜力的开发和激发他们学习的自主精神成为我们教学的主要目标。课堂上,我们要给学生提供一个积极互动的平台,让师生共同融入情景教学中去,使课堂成为师生心灵交融、情感呼应的园地。如在学完第一单元知识时,教师先在多媒体屏幕上出示 12 个问题,然后用抽签的形式分组比赛,师生对课堂上每一个精彩的回答都报以热烈的掌声。然后又提出"对于这一单元你们还有什么要问的?"老师和同学互助解答这个问题。把复习的任务交给学生,充分调动学生的学习积极性,学生愉快地去思考,思维火花喷发,这里没有居高临下的评判,没有虚情假意的表扬,师生情感达到真正的交流融合。

在课堂上,教师要教育学生树立集体观念和互助合作的意识,使每个人都能为集体目标的实现而尽心尽力。学期初,我以班组为单位组织协助式的学习小组,在课堂或课外开展多样化的学习竞争活动,让不同层次学生在竞争中相互扶持,互相促进。通过竞争使每位学生都乐于做学习的主人,学得开心,学得轻松。例如在元素符号的教学中,为了突破熟记元素符号这一难点,由学生自制元素符号卡片,并充分利用卡片,让学生抢答,比赛谁又快又准,效果很好。又如在探究实验室制取 CO_2 时,分小组让学生合作设计制 CO_2 的装置,教师在后台当指导,然后进行作品展示,学生富有创意的设计,给人一种美的享受。在互动互助、协同合作过程,将师生共融到教学场景中去,学生兴趣浓,学习积极性高,乐于参与,增强了课堂的吸引力,大家学得轻松,体会到学习的快乐。

在教学过程中,教师要不断向学生传授合作的基本技能,使他们既善于积极主动地表现自己的意见和见解,敢于说出不同的看法,又善于倾听别人的意见,相互启迪,并能够综合吸收各种不同的观点,共同寻找解决问题的思路和方法。让学生充分地认识到当他在帮助别人的同时,也是在提高自己的水平,鼓励学生敢于进行能力的较量,敢于争论和质疑。这样一来学生的视野开阔了,友谊加深了,世界变得更精彩了。

学生是稚嫩的小树苗,课堂是学生成长的土壤,愉悦是催生学生健康成长的阳光雨露,尊重浸染和感化了学生的心灵。努力吧! 让我们的课堂成为师生共同学习、共同成长的乐让我们的生活处处闪动着人性的光辉。

(撰稿者:缪凤丽)

心里有阳光,才能有亮光

"快乐学习,自能发展"提示:
给孩子自信,让他自己去提高。

体育课要"以学生发展为本",要培养适应社会需要的全面发展的学生,这是一个渐进的,漫长的,一个长期积累的潜移默化的过程。在这个过程中,教师扮演着引路人的角色,树立学生信心、给学生支持,这是学生取得成功的必要条件。在教学中,教师帮助每位学生设立一个自己经过努力就可以达到的学习目标,让他们都能体验到成功,从而充满自信不断去提高。

一、自信是阳光,能驱散眼前的阴影

体育课堂中"给自信"的内涵主要表现在:给学生成功的体验,给学生克服恐惧的安全措施,给学生可以达成的目标,给学生展示的机会。总之,在体育教学过程中要鼓励学生树立天生我材必有用的信心,帮助学生建立起"我能行"的信念。同时要加深并理解自信心在人的一生中的重要作用,因为"自信是成功的基石",让学生明白"世上无难事,只怕有心人"的含义。

自信是发自内心的自我肯定与相信,是对自己所做各种准备的一种积极情感。自信是

一种反映个体对自己是否有能力成功地完成某项活动的信任程度的心理特性,是一种积极、有效地表达自我价值、自我尊重、自我理解的意识特征和心理状态。皮亚杰说:"一切有成效的工作必须以兴趣为先决条件。"心理学家也认为,学生在兴趣盎然的状态下学习,观察力敏锐,记忆力增强,想象力丰富,会兴致勃勃、心情愉快地去学习,表现出个性的积极性和创造性。

体育课要"以学生发展为本",要培养适应社会需要的全面发展的学生,这是一个渐进的,漫长的,一个长期积累的潜移默化的过程,在这个过程中,教师扮演着引路人的角色,给学生信心、给学生支持,这是学生取得成功的必要条件。

二、揣着温暖,温暖学生

培养孩子自信心的条件是让孩子不断地获得成功的体验,而过多的失败体验,往往使学生对自己的能力产生怀疑。因此,老师应根据孩子发展特点和个体差异,提出适合其水平的任务和要求,确立一个适当的目标,使其经过努力能完成。如让他跳一跳,想办法把球取下来,从而在不断的成功中培养自信。切忌球挂得太高,而实际能力不及,连连失败,致使自信心屡屡受挫。同样,他们也需要通过顺利地学会一件事来获得自信。一个在游戏中总做不好的孩子,很难把自己看成是成功的人,他会减少自信心,并由此不愿再去努力,越是不努力,就越是做不好,就会越不自信,形成恶性循环。老师应通过帮助他们,完成他们想要做的事来消除这种恶性循环。另外,对于缺乏自信心的学生,要格外关心。如对胆小怯懦的学生,要有意识地让他们在班级上担任一定的工作,在完成任务的过程中培养大胆自信。学生不仅在能力上存在差异,心理上也存在差异,心理上的差异更应该引起足够的重视。活动能力差的学生对于是否能完成练习缺乏信心,但他们同时也具有进取心,渴望进步,渴望受到尊重,渴望成功——这是潜藏在人类心灵深处的内在动力。我们应当在教学中时刻注意培养学生的自信心。

(一)加强学生激励教育

因为社会各个行业对人才的需求不同、学生与学生之间存在差异,所以我们在教学中要鼓励学生树立天生我材必有用的信心,帮助学生建立起我能行的信念。同时,要加深并理解自信心在人的一生中的重要作用,因为"自信是成功的基石",让学生明白"世上无难事,只怕有心人"的含义。

(二)培养学生认知能力

教学中,我比较注意培养学生自我认知能力,引导学生对自己有一个全面积极的认识,学会辨证地看待自己,既要认识自己的长处,又要认识自己的缺点。只有这样才能消除自卑感,树立自信心。

(三)创造学生成功机会

现代心理学证明:"只要我们有一次成功的经历和体验,头脑里就会留下一种刻划似的痕迹,真实清楚地保留在记忆里。当我们面临新的任务,重新唤起往日成功的模式,内心就会重新出现那种成功的心情。"在教学中,我们应该面向全体学生,深入了解并掌握每一位学生的基本状况和运动水平。帮助每位学生设立一个自己经过努力就可以达到的学习目标,让她们都能体验到成功,从而对学习充满自信心。

(四)期待学生亲情效应

学生感到被教师接纳和信任,他们会感到师爱的温暖,感到自己的价值所在。每个孩子都有自己的特性,他们的运动能力也有所不同,有些学生一学就会,而有的却需要花费更长的时间才能掌握。我们应该清楚地认识到,在体育教学中,每个学生的终点相同,起点却不一样,过程也不一样,我们应该给每一位学生创造通过努力达到成功的条件,让他们看到自己的成绩,看到自己不断在进步,都能体验到成功的喜悦!

三、心里有阳光,才能有亮光

我作为一名体育老教师,我深知学生秉性好动,我们不要仍旧用消极的老办法,来剥夺他们的活泼天性,必须予以适当的环境,能使他们充分发展,培养他们的自信心。

4 照耀
心里有阳光，才能有亮光

曲棍球项目是我校的特色体育项目，这一项目对于初中学生，尤其是初中女学生的掌握来说有一定的难度。如何能够让学生爱上这项活动，我可是动足了脑筋。参加女子曲棍球俱乐部的是中预到初二的女生，年龄差距较大，而且这项运动要求是左手持棍，球棍宽不过5厘米，用左手颠球的难度较大，对学生的灵敏协调、力量等素质要求都较高。在准备活动过后，我先不急着进入课的主题，而是让每一位学生用自己的方法来尝试颠球，不强调技术动作。于是学生们纷纷开始进入练习，作为教师的我站在一边进行仔细观察。有的学生单手持棍直接颠球，有的是双手持棍，用棍子的两面颠球，有的是两手握在棍的前端用棍头来颠球。在学生每人尝试一次过后，我召集大家进行了讲评。首先我让学生们进行反馈，告诉我颠球的感受，有的说"一点都不难，再难我也能颠"。有的说"很难耶，我都拿不住棍子，怎么颠球都不听话"等等。于是我对这次的练习进行了总结，练习实际上是让学生们亲身体会感受一下这个难度，我表扬能颠五球以上的学生，培养了学生的自信心，消除心理的恐惧感，这便于以后的教学内容的深入贯彻。在学生的各种练习过程中，我挑选学生，让她来做正确动作示范，告诉学生这节课的教学要求，以及这个技术动作的要领。学生们明白要求后，集体进行正确握棍的颠球练习。对于那些困难学生我更进行了细致耐心的讲解与示范，让学生觉得自己可以做，并不断鼓励学生赛一赛看谁一次颠得多。

在学生们进行了正确技术要领指导下的颠球后，学生以自己的能力初步尝试到了正确技术动作练习下成功的体验。对于困难学生，作为教师的我尽我的能力帮助指导她们完成动作，让她们也能体会成功的喜悦和快乐。这对于她们来讲是一种经验，让他们认识到面对困难不要惧怕，而是要勇敢地去面对，并且去克服它、战胜它，对曲棍球运动的兴趣倍增。

兴趣是最好的老师，造就有创造力的学生。我深知用于探究的效能最高的工具之一是对照，最为一名体育教师我相信，通过引导学生探索对照物，学生就更加可能按照一种方式去组织他的知识，这种方式可以帮助他们在需要发现的特定环境中有所发现。

杠上运动深受学生的喜爱，它是通过支撑、悬垂、摆动、翻转、及上法和下法等动作练习，发展上肢、肩带和腰腹部肌肉的力量，是一项培养学生坚毅、勇敢和顽强意志品质的运动。"单杠跳上成支撑——前翻下"是六年级"体育与健身"女生杠上运动教材的基本内容之一。因此在这必修教材的教授上，我动足了脑筋。"单杠跳上成支撑——前翻下（女）"包括跳上成支撑、前翻下、前翻下后成蹲立或直立等基本技术。

在上第一节课时,我首先宣布了本节课的教学内容,学生们的气氛一下子沸腾了。然而却是喜忧参半,喜的是那些活动能力较强,灵活性好的学生,忧的是那些体形肥胖、运动能力差、胆小的学生,她们脸上露出尴尬的表情。在准备活动过后,我先进行了"单杠跳上成支撑——前翻下"技术动作的示范,但没有进行仔细讲解。随后让每一位学生用自己学习过的单杠技能到杠上进行尝试,不强调技术动作。于是学生们纷纷开始进入练习,作为教师的我站在单杠旁一边保护与帮助一边进行仔细观察。有的学生一蹬地就撑了上去,然后一下就向前翻了下来;有的是撑在杠上,上身前俯后挂在上面不敢前翻下;有的是手撑着单杠,跳上去又跳下来。在这些学生每人尝试了一次过后,我召集学生进行了讲评。把"单杠跳上成支撑——前翻下"的动作技术要领进行了仔细讲解,然后进行了示范。学生进行再次练习,成效好多了。但是我发现还有学生撑上单杠后不敢做前翻动作。技术要领已掌握,可还是不敢做,这就要克服恐惧心理树立学生自信心了。恐惧心理的产生是随年龄的增长、生活经验的积累、自我保护意识增强而增强的。年龄越小,恐惧感越弱。因为她不知道什么叫危险,如"初生牛犊不怕虎"就是这个道理。而单杠练习确有危险,不小心手抓不住就会摔下来,所以不敢前翻下,而对女生来说采用逃避的方法也是难免的。如何才能让学生克服恐惧心理树立自信呢?我采用了两大方法。一是增强保护与帮助的安全措施;二是学生进行比较,树立自信心。

(一)增强保护与帮助的安全措施。学生之所以不敢前翻下是因为怕有危险,怕受伤,所以做好安全措施是关键。首先在地上加垫一层厚垫子并把范围扩大。其次,在教师保护与帮助的同时,周围站几个较有力量的女生进行保护帮助。

(二)做比较、树立自信心。即使做了安全措施,有的学生也还是不敢进行前翻下,是因为没人带头,没人来提高她们的自信心,增强她们的勇气。我让身材比她们较瘦弱的学生进行动作示范,作为教师的我尽我的能力保护帮助她们完成动作,让她们也能体会成功的喜悦和快乐。同时也认识到面对困难不要惧怕,而是要勇敢地去面对,并且去克服它、战胜它。她们永远不是孤立的,老师会在后面保护和支持她们。

培养了学生的自信心,消除了心理的恐惧感,建立了学习的信心,这便于以后的教学内容的深入贯彻,从而提高体育课堂教学的有效性。

四、结束语

我认为之所以能够不断促进学生体育健身与运动能力的发展,是课堂中给她们创造经过克服困难达到成功的机会,让她们领受成功的愉悦,以肯定和表扬来鼓励学生继续努力,以期树立学生的自信,让她们去争取更大的成功。有了自信,才能达到自己所期望达到的境界,才能成为自己所希望成为的人,坚持自己所追求的信仰,从而不断去进步提高。

(撰稿者:唐爱军)

5 信任

儿童的内心世界是纯真而透明的,充满了爱与梦想,是一个与成人世界大不一样的天地。一味地管教、苛责、束缚只会压抑个性,使学生原本丰盈的心灵之泉枯竭,原本充满希望的梦破灭,原本多彩的人生因此而黯淡。每一个人都渴望被人尊重、被人信任。一位哲人曾经说过:"信任是开启心扉的钥匙。"一个赞许的目光,一句肯定的话语,一次成功的鼓励,都会使人产生奋发向上的动力,点燃内心的希望。

每个孩子都是一朵美丽的水晶花 / 143

丑小鸭变天鹅 / 153

让学生自己"下海捕鱼" / 159

学生不是电脑,教师更不是鼠标 / 168

放手,把时间还给学生 / 174

陶行知先生曾经告诫我们说："你的教鞭下有瓦特，你的冷眼里有牛顿，你的讥笑里有爱迪生。"如果教师随意怀疑学生，不信任学生，就会损伤学生学习的自尊心，引起学生内心的愤怒和反抗。因为没有信任，很多这样的孩子就会在老师"恨铁不成钢"的愤懑和"无可救药"的失望中被放弃而成为真正的"问题生"。反过来说，因为没有被信任，老师的苦口婆心、教育批评，老师的每一次教育活动都成为"耳旁风"，在孩子的心灵中不留任何痕迹，或者只种下"恨"的种子。

任何学生都期望老师的重视、信赖，期待着自己更多地被老师关注，希望自己的优点能被老师发现，自己的缺点能被老师理解。著名心理学家罗森塔尔曾做过一个试验，他考查某校，随意从每班抽3名学生共18人写在一张表格上，交给校长，极为认真地说："这18名学生经过科学测定全都是高智商型人才。"事过半年，罗森塔尔又来到该校，发现这18名学生的确长进很大，再后来这18人全都在不同的岗位上干出了非凡的成绩。

"罗森塔尔效应"成功地说明了信任与期望的激励作用。赞美、信任和期待具有一种能量，它能改变人的行为，当一个人获得另一个人的信任、赞美时，他便感觉获得了社会支持，从而增强了自我价值，变得自信、自尊，获得一种积极向上的动力，并尽力达到对方的期待，以避免对方失望，从而维持这种社会支持的连续性。霍姆林斯基曾经说过：我们任何时候都不要急于作出最后的、绝对的结论，某某学生什么都做不来，他的命运就这么注定了。也许，一个孩子在1年、2年、3年内什么都不行，但是终有一天是能行的。思维就像一棵树，它是逐渐地积累生命汁液的。只要我们用这种汁液浇灌它的根，它的花朵就会绽开。

"投之以桃，报之以李"，充分信赖学生，将期望与信任传递给学生，学生定会受到鼓舞与激励；充分信赖学生，给他们创设机会，相信他们通过积极主动的学习和自主探索，一定会取得满意的效果，终有一天会成为堂堂正正的人才。

每个孩子都是一朵美丽的水晶花

"快乐学习,自能发展"提示:
给孩子赏识与激励,让他们在自能中发展。

霍姆林斯基曾说:"只有能激发学生去进行自我教育的教育,才是真正的教育。"如何激励学生的自我教育是学生管理工作中的一个重要课题。而赏识教育作为一种教育理念,也是一种教育手段,它的恰当运用能够对学生管理起到事半功倍的效果,能够激发学生的自主意识,从而走向自能发展。所谓赏识,从一般意义上讲,是指认识到了人的才能或事物的价值并加以重视或给予赞扬。给他赏识与激励,就是让学生心灵在尊重和欣赏中找到"我能行"、"我可以更好"的心理感觉的过程。它的具体做法和激励作用丰富多样,既包括对学生的接纳、理解、尊重、信任、宽容,同时也能够让学生关注到自己和他人;既肯定了学生现在具有的能力,又为学生的潜能发展提供了内驱力,最终达到学生的自我教育和班级的自我管理。

一、让每一个孩子享受赏识的快乐

赏识教育以鼓励表扬为手段,它是从孩子的需要出发,以尊重孩子价值为前提,唤醒孩子的主体意识及自身发展潜能,让每个孩子真正成为学习的主人。班级管理中的"给赏识"的内涵主要表现在：给予学生爱与欣赏，让赏识帮助学生肯定自我价值；尊重学生的个体差异，让赏识激励唤醒每个孩子生命觉醒的力量；多元结合，让赏识教育产生鞭策的力量；赏识他人，用智慧照亮学生多彩人生。总之，赏识教育以鼓励表扬为手段，它是从学生的需要出发，以爱学生、尊重学生为前提，唤醒孩子的主体意识及自身发展潜能，同时也在赏识别人中提升自己，形成自能发展、和谐共生的班级文化，共塑积极健康的人格。

苏霍姆林斯基在《给教师的建议》一书中告诫教师们："请记住：成功的欢乐是一种巨大的情绪力量，它可以促进儿童好好学习的愿望。请你注意，无论如何不要使这种内在的力量消失。缺少这种力量，教育上的任何巧妙措施都是无济于事的。"而赏识教育，更能增强学生的自信心和战胜困难的勇气，它将鞭策人向着优秀的方向不断行进并最终感受到成功的快乐。

师爱是实现赏识教育的前提，孩子在成长的过程中需要接收到教师对他们的关心、爱护、尊重、信任、期望、赏识等各种美好的情感。给学生赏识的目光，树立他们的自信，激发他们积极向上的热情，挖掘进一步发展的潜能，培养他们追求卓越和自能发展的精神，最终塑造学生精彩的人生。对于那些学习困难、表现不够优秀的学生来说，老师的赏识、同伴的肯定以及成功的体验是让他们感受快乐、树立自信、激励自己、挑战自我，向更高的目标奋进的原动力。赏识教育能够及时捕捉学生身上的闪光点，给予他们掌声和鼓励，使他们产生一种内驱力，在赏识别人的过程中发现自己，发掘自己潜在的力量，从而满怀信心地走向成功。

二、让赏识激励唤醒每个孩子生命觉醒的力量

赏识教育的特点就是注重学生的优点和长处，挖掘个体潜能，使学生在赏识中增强自信、完善我自、提升自我价值。但是，赏识教育仅仅就是"你真棒"、"你真聪明"、"你回答得真好"这类肯定性的正面评价吗？真正意义上的"赏识教育"又是怎样的呢？怎样的赏识才会具有神奇的力量？

1. 爱与欣赏，赏识帮助学生实现自我价值的肯定

爱学生，这是实现赏识教育的前提，教师的爱心是成功教育的原动力。威廉·詹姆斯说过："人性中最深切的心理动机是被人赏识的渴望。"每一个孩子，无论他是优秀的还是暂时落后的，都希望得到发自内心的赞美。有认可才有前进的信心，有激励才有对成功的渴求，有赏识才能激起他对未来的希望，有赞美才能在愉快中健康成长。作为教师，更应该关注到这种人性中最本质的需求，发自内心地关心、爱护、尊重、信任、期望、赏识每一个学生，既欣赏他们身上的闪光点，也能做到欣赏他们身上具有的幼稚、倔强、好动、马虎等等不如意的地方。一切以爱为圆心，以欣赏为半径，画一个关爱、尊重、期待的爱心圆。

只有这样，当学生感悟到这种师爱后，便会构建自我、不断肯定自我价值，激发出积极向上的热情，继而能够主动地给自己设定一个预期的目标，树好一个标杆并为之投入、付出，不断创新并追求卓越，从而达到自觉、自能的发展。这种良好的教育效果的呈现正是因为教师心中有爱，用赏识的目光了解学生、发现学生、打动学生、塑造学生，教育他们自我赏识、自能发展。

2. 尊重差异，让赏识激励唤醒每个孩子生命觉醒的力量

在教师的职业生涯中会遇到很多形形色色的学生，他们性格不一、秉性不同，有不同的家庭教育背景和成长环境，当然也会呈现出各自不同的精神面貌和心理状态。对于各方面都表现优秀的学生，大多数教师不会吝啬对他们的夸奖，而这些孩子仿佛是上帝的宠儿，一直生活在浓浓的师爱和周遭同伴的羡慕之中，快乐自足。但是对于那些学习上有困难的学生，我们往往会过分关注孩子的弱点和短处，不自觉地对这些本该更多得到关爱的孩子进行了"抱怨教育"。赏识走向成功，抱怨招致失败。赏识会使好孩子越来越好，而抱怨却会让那些困难学生越来越差，而实际上这些困难学生特别需要的不是失败，而是别人的肯定、老师的赏识和成功的体验。使一个人发挥最大能力的方法是赞赏和鼓励。对于后进生来说，赞赏和鼓励不亚于雪中送炭，可以增强他们的信心和勇气，并从他们的内心激发出无穷无尽的积极动力。赏识教育更重要的是什么？是态度，是视线。教师要学会从内心真正赏识后进生，要善于捕捉他们身上的闪光点，为他们提供发展的条件，及时给予他们掌声和鼓励，使他们产生一种内驱力，让他们发现自己，看到自己潜在的力量和优点，从而满怀信心

地不断争取成功,更多地体验成功的幸福感和充实感。简而言之,就是要唤醒每一个生命觉醒的力量,让这种排山倒海、势不可挡的力量重塑孩子的自信心、丰富孩子的精神世界、激励他们向更高的目标迈进,这也就是"给赏识"的奥秘。

赏识激励的教学策略与千差万别的学生结合在一起,便是千万个人才的崛起。都说爱是赏识的前提,我们又怎么能忽略"尊重"二字?教师在尊重差异的基础上,给孩子以正确的引导,使孩子多种多样的才能、天资、志向、兴趣等个性特点尽可能得到充分的发展。只有这样,才能挖掘每个孩子的潜力,人尽其才。我们的班集体建设又何尝不需要各种不同禀赋和才能的孩子?为学生搭建一个展示和发展的平台,用赏识和激励激发他们无穷的创新思维,给予他们成长的内驱力,让他们成为班级活动的参与者、班级文化的创建者、班级建设的管理者。

3. 多元结合,让真正的赏识教育产生鞭策的力量

众所周知,赏识教育是用鼓励表扬的手段唤醒孩子的主体意识及自身发展潜能。赏识本身是孩子最渴望的精神需求,而不少人在实际操作中把赏识仅仅理解为表扬加鼓励,于是走进了误区——为赏识而赏识。

"没有赏识的批评叫摧残,没有批评的赏识是溺爱。"如果把赏识教育、激励教育等同于说好话,赏识教育被扭曲和俗化了:认为赏识就是多表扬,在孩子身上拼命挖优点,然后夸张地进行赞赏,而赞赏的词句也很匮乏,无外乎"你真棒"、"你真聪明"等等;对于孩子的缺点,却轻描淡写,甚至视而不见。如果孩子们长期生活在大人们编织的虚伪的自信之中,长此以往,孩子将认识不到自己的缺点,盲目自负,从而产生自满自傲的心态,无法建立正确的是非观,而后稍遇不顺就会悲观失望、一蹶不振,抗挫力和抗压力令人堪忧。

任何事情都有一个标准和尺度,同样,尊重和赏识也不能过度。尊重、赏识并不意味着迁就和放松要求。正如苏联著名教育家马卡连柯所说:"在我们的尊重里同时也表达出我们对个人的要求。"赏识教育并不仅仅是表扬加鼓励,赏识的概念里也有批评,当然教师要掌握批评的原则和方法——针对事件本身,尊重孩子人格,给予孩子充分的肯定,同时也对孩子改正错误做法后的自我予以充分的信任和期待。我们每一位教师都应该知道,用信任的尊重、有原则的赏识所传递出来的期望和要求,远比任何说教、责骂更有效果,更持久,更

能激发孩子内心的共鸣,发挥他们的主观能动性。

"给赏识"应该是有机化的、多元化的,赏识教育要和责任教育相结合,要让孩子知道自己承担的基本责任是什么;赏识教育要和挫折教育相结合,要让孩子品尝失败的滋味,培养对抗逆境的勇气。要让孩子和教师达成共同的期待,并愿意为这个期待付出更多的努力;同时也要明白,期待的背后可能是险山恶水、荆棘丛生。只有这样多元有机的赏识教育,才会对学生产生鞭策力量,警醒他们、激励他们,让他们无惧风雨、振翅高飞,才会让班级呈现一种积极奋进、乐观向上的状态和氛围。

4. 赏识他人,用智慧点亮学生多彩人生

詹姆斯曾说:"人类本质中最殷切的需求就是渴望自己得到他人的赏识。"不管什么人,都希望得到赞美,有赞美才有前进的信心,有赞美才有对成功的渴求,才有对未来的希望,有赞美才能在愉快中成长。马克·吐温也曾说:"赞美别人的同时,自身的境界也得到了提升。"教师要教育学生多赏识他人的长处和优点,让孩子学会赏识别人,从小懂得尊重他人,尊重他人就是对自己的尊重,赞美别人就是提升自己。

但是人性也有弱点,总是习惯看到别人的缺点,而往往无视自己身上的不足。教师需要运用智慧,运用各种方式让孩子们学会提高自己。班级活动丰富多彩,大到文体比赛,小到班会队会,教师都可以把它变成一个个赏识他人、关照自我的舞台。"找一找你最欣赏的人"、"我的眼中,他(她)最棒"等等活动都能让孩子们把目光转向别人善良的地方,在发现别人优点的同时照亮自己。孩子们天真单纯,需要教师的引导和培养。你可以把他们培养成擅长鸡蛋里挑骨头、只会找别人缺点的人,也可以把他们引导成赏识他人的学生。哪种教育效果好,结果不言自明。

欣赏别人,是一种气度,是一种修养,更是一种美德。只有学会赏识别人,才能对自己的缺点和不足有一个清醒的认识,这样学生就会时时警醒自己不可有自满情绪,须知"天外有天,人外有人",只有自觉地吸取他人的长处来弥补自己的不足,不断充实自己、完善自己,自己的人生价值才能一次次得到提升。学会正确地赏识别人,会使平庸变得优秀,使自卑变得进取,使自满变得谦逊;学会互相欣赏,不仅能提升个人的合作能力、发展能力,也会在同伴相处和班级管理中形成良性互动,让整个班集体得到健康、主动的良性发展。

三、每个孩子都是一朵美丽的水晶花

寻找班级小达人

由于班级中优秀的学生比较多，为了避免学生形成盲目自负的心理，也为了让他们能够正确的悦纳自我、赏识他人，正值电视节目"中国达人秀"的热播，我们班级也召开了一次"我眼中的班级达人"活动。

前期先是在班级中进行"海选"，很快，有突出才能的几个学生就脱颖而出，他们有的擅长电脑编程，有的擅长乐器，有的体育运动屡获殊荣……但是，不难看出，票数最高的这五位达人代表基本上是特长的展示。如果只限于特长展示而不能面向所有的学生，那会让无特长的孩子产生自卑，又怎么能达到"悦纳自我，赏识他人"的活动目标呢？

班主任在这个时候就要因势利导，鼓励学生从学习、生活的多方面挖掘，给每一个孩子创设机会，赏识他们身上的每一个小小的闪光点，唤醒他们内心的自信。所以，在五位班级达人展示完才艺之后，我开始引导学生推荐班级的其他达人，越是细小越是闪亮，几乎每一位同学的亮点都被挖掘，而很多都来源于我们的日常生活，孩子们不经意的一举一动其实都在同学们的眼里，像照顾班级植物、节约用水、主动承担班级保洁、孝顺父母、课代表工作铁面无私，甚至一次无意的助人之举，一个面对困难的浅浅微笑，都被孩子们心灵的相机拍摄并保存。所以班会上评出诸如"细心达人"、"节俭达人"、"铁面达人"、"全知达人"等。我发现，被评到的每一个孩子的眼睛都闪闪亮。最后，他们齐诵"我最闪亮"的那一刻，作为班主任，我的心中涌动的是无比的激动和自豪，当然更多的还是感激，感谢孩子们也让我找到了我的价值所在。

赏识他人、互相欣赏，让孩子们在发现他人闪光点的同时也感受到被他人认可的快乐，从不同角度体验"赏识教育"所带来的喜悦。作为教师，爱每一个孩子，尊重他们的差异，从细微之处欣赏他们，给予他们自信的力量，教会他们正确认识自我，不仅满足了孩子们成长的需要，在活动中更让学生重新认识自己，形成积极的引导，提炼了班级的文化精神，也在

5　信任
每个孩子都是一朵美丽的水晶花

他们的心中种下了一颗颗美丽的种子。

有你，有我，班级更精彩

难忘 2011 年 11 月的那次主题班会，不论外界对班会的评价如何，就我而言，作为班主任，在这一堂班会课的打磨过程中，孩子们所表现出来的自能、主动发展已经完全超乎了我的想象，无论结果如何，他们都是成功者。

班上的四十一个学生一共分成了五个小组参与到班队活动中去，它们分别是"情景再现小组"、"问卷调查小组"、"达人小组"、"追风 tv 记者团"和"班级活动后期制作小组"。在班级活动的开展和环节的设计、衔接上，学生和我一起策划、组织和实施。我鼓励孩子们提出自己的看法和建议，欣赏他们大胆的设计和构思，哪怕并不成熟或者操作性不强，我也尊重他们的想法，引导他们学会倾听小组内成员的意见和建议，再在实践中推敲和锤炼。当然，教师可以代劳策划整个过程，学生也会按部就班地执行，但是我以尊重和欣赏为前提，给予他们充分的信任，希望能够教会他们自我赏识、互相欣赏，并在此基础上初步达到自能发展。我认为，经过这样一个个人和团队的努力合作，他们的收获一定会超越这节班会课本身。基于这样的思考和实践，整节班会课从提出问题到分析问题再到最后的解决问题，各个小组将个人智慧和组内合作结合起来，采用了多种形式，从不同角度入手，以期和全班同学产生共鸣。

"情景再现小组"根据班级发生的真实情况自主撰稿、编排、分配任务，还精益求精，安排了两个性格比较内向的同学制作道具，让他们也参与到了情景再现的表演当中。虽然这两个学生表现得非常紧张，但是从他们精心制作的道具中可以看出，他们自我价值的发掘和被肯定，让他们焕发出了自己的光彩。"问卷调查小组"着手问卷的收集、统计和分析，让班级里一些默默无闻的同学也参与到小组的活动中来。"达人小组"从前期投票、统计、整理到后期照片采集、颁奖词写作、PPT 制作，以至于每一句台词的润色，不同工作都分配到了个人，有任务有挑战，有分工也有合作。包括后面"追风 tv 记者团"的组建、命名、问题的设计，乃至采访时应有的仪态和角度，孩子们都进行了精心的考虑，虽然是利用学习之余的时间，任务繁重、时间紧迫，但是他们全心全意地投入到班会的组织和准备工作中，毫无怨言。

这一系列多维度的活动既丰富了主题的内涵，同时也给每一个孩子创设了机会，在活动中，他们肯定了自己，了解了别人，组建了团队，分享了喜悦。在"成事"中"成人"，以"成人"促进"成事"。赏识教育作为一种教育理念，也是一种教育手段，它的恰当运用确实能够对学生管理起到事半功倍的效果，能够激发学生的自主意识，从而走向自能发展。

你也可以是一朵美丽的水晶花

你看过日本医学家江本胜写的《水知道答案》这本书吗？他讲了一个关于水的情感测试实验的故事。他给一瓶水贴上不同的标签，结果发现水分子结晶竟然不同。当贴上赞美、感恩等让人快乐的、开心的标签时，水分子结晶呈现出形态各异的美丽图案。反之，当贴上痛恨、责骂等让人生气的标签时，水分子结晶非常混乱或像受委屈孩子的脸，呈现出一副杂乱、恐怖的图像。虽然，后来很多人对书中的结论提出了质疑，对其争议也从未停止，但是作为一名教育工作者，我愿意相信这个"美丽的童话"。

班级中的小C是一个行为表现十分特殊的男孩子，从接班的第一天我就发现这个学生有些与众不同。首先，他几乎无法做到安静集中精神听完一节课，不是开小差就是做小动作；其次，他性格极端偏激，常常口不择言，出口伤人，甚至稍有言语不和就对同学大打出手；最让人头疼的是，他几乎听不进去任何的劝告与建议，对于因为他导致的班级扣分现象他也无动于衷，如果批评多了，他甚至会气喘如牛，死命地用手砸桌子或者墙壁，好几次，甚至用美工刀划伤手腕。对于这样一个极端偏激、情绪不稳定的孩子，我手足无措，整日抱怨。

每天放学前的"当日点评"中，值日班长常常把小C作为一个反面教材数落。确实他的表现是十分另类的，不服管不听劝，我行我素，自以为是。值日班长的总结也往往是一石激起千层浪，班上"深受其害"的同学也乐此不疲地列举他一个又一个"劣迹"，场面真的是有些群情激愤。每每听完这几乎重复的"诉苦"和"告状"，我也是怒从中来，噼里啪啦一阵批评教育，可是，无论怎样动之以情，晓之以理，小C还是老样子，说教的收效甚微。

一次偶然的机会，我在和他外婆的交谈中了解了他的身世，原来他现在暴戾的脾气源于他有一个不幸的童年，父母的离异给他幼小的心灵上留下了难以抚平的创伤。

5 信任
每个孩子都是一朵美丽的水晶花

这是一个心里受了伤的孩子！我反思自己平时的做法,对于这样的孩子,不探求行为背后的根源就盲目地批评教育,甚至"纵容"班级同学以别样的眼光看待他,自己不知不觉中就让他生活在了一个感受不到爱与欣赏的集体,这对他火爆脾气的潜滋暗长难道不是推波助澜吗？我自以为十分感人、到位的说教,在没有真正从心底里欣赏他、关爱他的前提下,只能是白费口舌。

于是我开始找班干部开会,一起商讨帮助小C成长的方法;找小C周围的同学谈话,希望他们能够包容他的一些做法,用宽容的爱来感化他;对于平时和小C稍有来往的同学,我除了肯定他们对他的友情之外,还希望他们能够站在朋友的立场上扭转小C不良的举动,用爱去温暖他的内心。经过全班的商议,我专门利用一节班会课给小C举行了一个座谈会——谈谈我眼中的小C。在班会上,所有同学都不约而同地列举了他日常生活中的一些闪光点,当然,对于这样一个孩子,这些闪光点非常普通,甚至非常渺小,但是,哪怕只是一次主动的问候,一句礼貌的回答,一次劳技课后他帮助周围同学清扫剪下的废纸屑……林林总总,看起来不起眼,可是孩子们的话语却此起彼伏。特别是很多同学关注到小C在电脑编程上很有天赋,经常设计一些小游戏自娱自乐,对于多媒体制作也很感兴趣,信息科技课上表现积极主动。还有他虽然经常语出伤人,但是他的写作却文思如泉涌,洋洋洒洒一大篇常常一气呵成。孩子们真诚地罗列着小C的优点,如数家珍。这时候,我看到小C的眼神变了,里面的犀利、叛逆消失了,一层柔和的光浮现出来,这是我从未见过的,是那样温柔、那样清澈,慢慢地,泛起了泪光,他强忍着内心感情的波动,努力不让眼泪掉下来。渐渐地,教室安静了下来,孩子们都静静地坐着,没有人说话,却有那浓得化不开的真情在涌动,此时的我也说不出一个字来,我不知道用什么语言才能表达我此刻的感情,我找不出任何一个词语来打破这爱的宁静。但是,我知道,这些尊重的、爱的、欣赏的、鼓励的"爱的标签"让每一个幼小的心灵沉思、震撼,让他们懂得了什么叫做爱与珍惜。

此后,小C变了很多,开朗了,热心了,友善了,宽容了,他也愿意主动地参与班级的各项活动:环保服装秀上有他的精彩表现,英语节他主动报名表演"乌鸦喝水",科技节上他花了一个晚上的时间做的"七宝古镇游戏棋"备受好评……虽然,很多小的不足还不是短时间内能够彻底消除的,但是我深知,欣然地接纳、平等地对待、真诚地欣赏、良好地沟通、耐心地等待和不断地创新,在"美丽标签"的赏识教育中润物无声,达到了良好的育人效果。

这是真实的教育故事,它启发了我们,原来,每一个孩子都可以是一朵美丽的水晶花。

赏识是**热爱生命,善待生命**,是给孩子无形生命的阳光、空气和水。赏识是沟通,是平等,是生命之间交往的桥梁,是彼此感情沟通的纽带。"给赏识"就是给爱、给尊重、给自信、给分享、给学生生命成长的快乐和自由,从而激发学生的自主意识,对自己进行自我教育,实现健康、主动的发展。而赏识教育的最终使命,就是唤醒人性的崇高,提升生命的本质,促进人的可持续发展。

希望每一位教师都能用欣赏的眼光看待学生,用宽容的心态接纳学生,用负责的行为对待学生。愿赏识教育真正走进每位教育者的心田,使教育成为让人幸福的事业,也让自己成为最幸福的教育人!

(撰稿者:张恬)

丑小鸭变天鹅

"快乐学习,自能发展"提示:
给学生一个舞台,让他们尽情表演。

教育学心理学家曾说:中学生由于身心状态的剧变,内心世界的发现,自我意识的觉醒,独立精神的加强和个性身心走向成熟,因此,他们已不愿做被动的适应者、服从者、模仿者、执行者,而是力求成为生活中主动的探索者、发现者与选择者。我们新课标下的教学就应重视人性的回归,给学生提供自由的舞台,让学生自由的旋转,让他们用自己喜欢的方式舞蹈,自己的舞台才会更加亮丽!

一、自由旋转的舞台

舞台是学生展示自我的舞台是学生团结合作的舞台,是学生自主学习、自主探究的舞台,只有这样的"舞台",学生才能尽情"表演"。英国教育家斯宾塞在《教育论》中指出:"记住你的教育目的应该是培养成一个能够自治的人,而不是一个要别人来管的人。"作为教师,我们是引导学生自我发挥,自我改进并团结协作,同时在学校教育活动中得以积极、主动、健康地发展。只有给学生充分表演的空间,才有利于学生在积极的思维和情感活动中自由发展,在这样的环境下,学生的兴趣得以激活,加深了理解和体验,有所感悟和思考,受到了思想启迪,感受到作为一名学生的自豪。同时,自主意识与合作意识本身也是公民素养教育的重要目标。著名的教育哲学家哈钦斯说过:"真正的教育是自我教育。"因此,学校对学生的管理不应是老师约束学生,而应是培养学生自尊、自爱、珍视自己的生命及创造的人。所以自主意识体现了公民素养中一个人对自己的态度。"合作"是一个人与人交往的过程,在这一过程中必须学会尊重别人的文化、思想,必须学会倾听别人的意见,必须学会认同别人、赞赏别人,必须有愿意与他人合作的意识。这种意识体现了公民素养中一个人对他人、对社会的态度。实践证明,这些意识靠灌输是无法做到的,因此需要老师为他们创设一个"自主、合作、探究"的舞台,才能逐步形成习惯,并用这样的态度指导自己的一生。

二、打造快乐的"舞台"

1. 给学生一个展示自我的舞台

每个学生都是祖国的花朵,培养学生的个性发展,有利于培养学生的创造精神。对于有特殊兴趣和潜能的学生,应积极为他们开辟创造性的学习途径,多为学生提供表现自我的机会。如组织学生参加学校组织的竞赛活动,竞赛的特点之一是参加者都想尽可能争取优异成绩。青少年一般都具有"好胜"、"向上"、"不甘落后"、"不服输"、"自尊心强"、"荣誉感强"等心理特点,适当地组织竞赛活动,不仅可以提高学生坚持学习的兴趣与爱好,而且有助于培养他们良好的个性心理品质。初中生在这一年龄阶段属个性形成的萌芽期,因势利导是培养学生个性发展的好方法,在平时的活动中,多鼓励学生"别出心裁"、"标新立异"、"独立思考",使学生成长为既符合时代共性要求,又具有鲜明个性、创造力和开拓精神的新世纪弄潮儿,将来更好地服务于社会,体现他们的人生价值。素质教育说到底是"尊重个性、发展个性"的教育。世上没有两片相同的叶子,性格也是一样,孩子们的个性发展需要尊重的养分。尊重他们的要求,平等相处,考虑他们的愿望与兴趣,引导他们正确认识自己和完善自己促进其个性的健康发展。善于"不拘一格看学生",尊重学生,善于发现学生个性、特长,做新时代的"伯乐",把我们的班级打造成一个快乐的舞台,孩子们可以在这里成为具有独特个性的人。

初中生正处于青春发育阶段具有活泼好动的天性,在这一年龄段给他们关注,会让他们感到自己的生命很受重视,就会有展现自我的欲望。关注学生是使学生张扬个性的好途径,对每一位学生都要有一种耐心的期待,要引导他们自己和自己比,看到自己的进步,在进步中充满自信,从而不断向前发展。对于每一位学生,我们都要关注,要相信他们的能力,及时发现和挖掘他们的内在潜力,利用学生的上进心,通过多种途径和方法,促使他们把事情做得更好,让他们充分体验成功。总之,培养学生良好个性发展的过程具有重复性和渐进性。这就需要我们每个教师十分耐心,不可一日曝、十日寒,操之过急,要遵循量变到质变的规律,个性的发展要建立在日常言行的不断积累上。因此,教育不能轻视人的个性发展,每个学生都是完整的具有独特个性的人,学生群体同样具有内在的独特性,这是个不可否认的事实。我们应立足于这一事实,在思想上真正尊重学生的独特性,在实践中发展和完善学生个性,从而培养出具有独立个性的新人。

2. 给学生一个团结合作的舞台

其实每一次班级和学校组织的活动都为学生提供了一个广阔的舞台,作为班主任,我有意识地引导学生积极参加这样的活动,首先要引导学生制订严密的活动计划,其次要充分调动学生活动的积极性,教师只能给予学生一定指导,而不能一手包办整个活动,而且还应该尽量使每一位学生都得到锻炼的机会。最后要重视对活动结果的评价,强调其活动的深远意义,使其长期发挥效力。比赛过程中,我始终把自己当作一个观众,当然这个观众并不是把自己置身事外,而是欣赏完学生的作品、成果之后,提出意见,我本身并不参与学生整个比赛的准备过程。我觉得学生经历了整个过程,就是一次很好的锻炼,在不知不觉中,提高了自我管理的意识,培养了自我管理的能力。

人只有在集体中才能更好地发挥出自己的潜能。学生的性格需要在集体中互相吸收彼此的优点,在集体中互相烘托,将个性互耀。同时,还要注意培养学生的团队意识,鼓励学生在与人交往中做到礼貌、大方、真诚,与同学伙伴和睦相处,使学生养成团结互助、奋发向上、守纪律、有礼貌、具有集体主义观念的良好个性品质。使他们能够拥有一个良好的人际关系,有利于形成良好的心理氛围,从而使学生在愉快中自觉接受教育,鼓励孩子们要大方的和别人交流,要加入到集体中去展现自我,通过经常交流和鼓励后,学生各方面的能力都有明显的提高,同时通过参加活动,学生也学会了团队合作精神和谦卑,班级成为学生的第二个家。

3. 给学生一个自主学习的舞台

在初中数学教学中,普遍存在着偏重知识传授,强调接受学习和机械训练的弊端。比如对练习题的讲解,一般由教师包办,学生只是听"过程",听"结果",虽然这在加强学生"双基"方面起到了较好的效果,但在培养学生数学思考、解决问题、情感与态度等方面却存在明显不足。给学生一个舞台,不仅单纯的是表演节目,他们还可以"表演讲课","会学比学会更重要"。的确,授之以鱼,只可享受有限的几顿;授之以"渔",却可享受终生。作为数学老师,就要授之以"渔",指导学生学会自主学习。新课程标准指出:"学生是数学学习的主人,教师是数学学习的组织者、引导者和合作者","动手实践、自主探索与合作交流是学生学习数学的重要方式",作为教师要充分利用课堂教学为学生的主动发展服务。课堂教学中师生之间,同学之间平等交往,质疑探究,沟通合作,充分调动学生学习的主动性,积极性,激发主观能动性,使其掌握学生学习的主动权,从而培养他们的创新意识,不断提高他们自主学习的能力。苏霍姆林斯基说:"在人的心灵深处,都有一种根深蒂固的需要,就是希望自己是一个发现者、研究者。"一旦学生掌握了学习方法,就会自觉地、主动地去学习,去发现,去探究,在属于自己的乐土上耕耘,在属于自己的天空中翱翔,在不断的耕耘中品尝收获的喜悦,在不断翱翔中展现自己的风姿。

三、丑小鸭变天鹅

比如在教预备年级时,学校组织了环保时装秀表演,我先利用班会动员同学积极参加,自愿报名,然后召开班干部会议,做好分工,整个班级都在积极准备,有组织才能的做总导演,有表演才能的上台表演,有服装设计才能的设计服装,有心灵手巧做装饰的就做小饰品,有电脑优势的就做幻灯片,有音乐才能的就上网找合适的配乐,我们的语文课代表还主动写了精彩的解说词。整个班级都在积极参加活动,有的学生还请做裁缝的邻居来帮忙,没有直接参加的也主动的献计献策。钱同学虽然学习有困难,但是她做的别在衣服上的玫瑰花却能以假乱真。而学习成绩最差的沈同学也在舞台上给大家留下了深刻的印象,连评委都说他的表演是我班的亮点。当同学在台上表演时,班级的其他同学组成了啦啦队,拉起他们做的大幅标语为参演同学呐喊助威,在大家的共同努力下,我们班级获得了年级二等奖,同学们的热情在活动中更高涨了,班级的凝聚力也大大增强了。当然关于参加比赛,我的原则是自愿,记得一个学生本来表演非常出色,但他自己不愿参加,我也不勉强。我宁愿把锻炼的机会让给其他主动参与的同学,也许取得的成绩比不上那位同学,但至少他自己争取了一次机会。有了预备年级的体会,我班初一的超级变变变活动中,大家的积极性更高了,报名参加表演的同学更多了,大家更加珍惜这个舞台了。

如在数学教学中,我感到这个年龄的学生学习热情很高,渴求新知识,也有儿童的天性,爱表现自己,爱说爱动,敢于发言。利用这一点,我与同学商量本学期开始推选学生每日出一题,并像老师一样给同学讲解,他们为了找一个合适的题目一般都要自己解好几个题目,选几个让我先看。有时他们自己也觉得选择困难,比如讲完平方根和立方根的概念后,彭同学找了一题:化简二次根式 $\sqrt{x^2-4x+4}=$ _____。开始她也不会,这时我建议她与同学讨论,并激励他们争取能独立思考解决,不用老师辅导看行不行。大家的积极性被调动起来,经过分析讨论,他们竟然自己解决了,那种快乐真是令人难以忘怀。后来在为同学讲解时竟然像老师一样启发同学,并认真地分析前因后果,当然在学生讲解练习题的过程中,学生讲解出现表达啰嗦、条理不清,甚至差错等等都是难免的,只要不影响同学们的理解,我都不予干扰,只有当讲解学生出现巨大思维跳跃和断裂时,我才作适当的补充和过渡,并以正面肯定为主,学生讲解中出现精彩处,当即给予赞扬和鼓掌,讲解完毕,不管好坏对错,也都要给予积极评价,因为他们在解题中都经历了探索、尝试、发现的过程。我觉得,我们对学生自主讲解练习题的评价,不能只看结果,而必须重在过程。如果单纯从结果看,由学生讲解练习题肯定比由教师讲解费时费力,但这费时费力是值得的。因为学生不是被动地"听结果"、"听过程",而是积极地参与解题的过程,寻求正确的结果,其中所获得的不仅是学会知识,学会技能,更是学会了如何学习,学会了如何在学习中保持积极的态度与情感,学会了利用"讲课的舞台"锻炼自己,利用"听课的舞台"武装自己。

正如托尔斯泰所说:"成功的教学所必需的不是强制,而是激发学生的兴趣。"兴趣是学生认知活动的巨大推动力,学生有了学习兴趣,学习活动对他来说就不是负担,而是一种享受,一种愉快的体验,学生越学越想学,越学越爱学,而我们教师就是要利用教学,利用班会、利用学校组织的各种活动,让学生有时间和空间积极参与,充分展示其才华,给学生提供展示能力的舞台,调动学生的积极性,让他们尽情"表演"。

(撰稿者:孙新宇)

让学生自己"下海捕鱼"

"快乐学习,自能发展"提示:
给孩子足够的空间,让他们自己去探索。

在数学教学活动中,为什么要给学生足够的空间呢?这是因为学生的学习应当是一个生动活泼的、主动的和富有个性的过程。认真听讲、积极思考、动手实践、自主探索、合作交流等,都是学习数学的重要方式。学生应当有足够的时间和空间经历观察、实验、猜测、计算、推理、验证等活动过程。

一、教师要授之以渔

数学教学过程中给"空间"的内涵主要表现在:给学生思考的空间,给学生实践的空间,给学生交流的空间,给学生归纳的空间。总之,数学课堂应当是一个不断"经历思考"的过程,学生的学习效果如何,最终要看他们在整个教学过程当中是否积极地参与了思考。因此,教师要不断地为学生提供思考的机会,并给他们留下足够的思考时间和空间,让他们用自己喜欢的思维方式自由、开放地去探究、发现和再创造数学知识。

知识如汪洋大海,学生在校学习的时间毕竟有限,教师一定要重视培养学生学海泛舟的能力,使他们能驾驭知识的船,在浩瀚无边的人海中前行。《数学课程标准》提倡改进学生的数学学习方式。学生的数学学习应该是主动地进行观察、实验、猜测、验证、推理与交流等数学活动。有效的数学学习活动不能单纯地依赖模仿和记忆,动手实践、自主探索与合作交流是学生学习数学的重要方式。因此我们的数学教学活动必须激发学生的学习积极性,向学生提供充分从事数学活动的机会,帮助他们在自主探索和合作交流中运用已有的知识、经验、方法探索,允许学生用富有个性化的方法解决新问题。所以,作为教学活动的组织者、引导者、合作者——教师,应该改变传统的教学思想和教学模式,创设自主探索的机会,还给学生自主探索的时间和空间,让学生能够真正去探索、去创新。学生有了这种本领,才能在未来的学习、工作中,掌握探索的自主权。

二、孩子,勇敢地出海吧

儿童心理学家有这样的建议:在孩子刚刚蹒跚学步时要敢于放手,这样他才能够尽快学会自己走路,教学亦是如此。让学生"亲历知识形成"的过程,课标在关于课程目标的阐述中,大量使用了"经历(感受)、体验(体会)、探索"等刻画数学活动水平的过程性行为动词,从而更好地体现了数学学习对学生在数学思考、解决问题以及情感与态度等方面的要求。那么我们应该给学生创设怎样的空间呢?

(一)把课堂还给学生,给学生提问的空间

"把课堂还给学生"是"新基础教育"研究中首先提出的课堂教学改革的目标。我在开始学习阶段,对"还"的理解还比较多的停留在表面上,那就是:上课时教师说得少些,学生说得多些;教师引导时间少些,学生活动时间多些。

随着研究的深入,我对提问的"精髓"也有了一定的认识。传授知识共有两种形式,一种是通过教师的讲授来获得,即"奉送真理式";一种是通过师生提问与点拨来发现作为答案的知识,即"发现真理式"。在第二种形式中,"问"使师生之间的信息交流由单向交流变为双向交流,从而使学生的学习情况得到及时反馈,避免"教"的盲目性;"问"也能使学生从教学中的被动者变为主动者,知识的获得由"接受"变为"探究";而且"问"还使学生的学习由"牵动"变为"自动"。一般地,教师一两句话提出的问题,可以引起学生长时间为此而绞

5 信任
让学生自己"下海捕鱼"

尽脑汁;"问"更使学生的依赖性减弱,独立性增强,独立性是培养个性和创新精神的天然胚芽。

那么,如何使教师的提问富有科学性和艺术性呢?大家认识到,首先应了解学生的认知发展水平和"最近发展区",确定适宜的学习内容和学习顺序。在考虑探究型问题时,依照学生的基础和能力,提供合适的解题条件,调控好问题的难度,注意作为明暗解题条件的旧知识与作为问题答案的新知识之间的内在联系。在重点、难点、关键处质疑,在矛盾反常处、混淆分歧处设问。

爱因斯坦曾说过:"提出一个问题往往比解决一个问题更重要。"除了教师努力提高提问的艺术性外,在课堂上,我们更注重鼓励和启发学生提问,常常专辟一个时段,以对组、小组、全体式等多种形式让学生提问,还时常对提问能力进行课堂检测。学生的提问具有很强的针对性,对补缺补差、深化提高极有价值。让学生通过分析比较,自己搞清各种因素、各个方面的关系,能同中求异,异处求同;树立发展的观念,能由果溯因、由因及果,发现繁中之简、简中之繁,或追根刨底,或展开求异思维;运用现代系统论的观点,使学生全面有序地质疑而问;教给逻辑推理、辩证思维的方法,使学生善于从无疑处见疑。学生有疑能问、有惑善问,或生生之间互动解决,或教师根据提问因材施教。

教学是围绕问题来展开的,同样,提问是"把课堂还给学生"且顺利组织教学的关键环节。在何处提问,提什么问题,怎样问,既体现了教师的积极引导、化难为易的教学艺术,又对调动学生学习的主动性、积极性起到关键性作用。当今社会已步入信息化的时代,从本质作用上而言,提问在各类教学手段中更应当起到核心作用,它对其他各类教学手段的运用本身有着广泛而又直接的影响,提问提得好,可以省去点拨与讲解。严格地说,点拨与讲解是提问留下缺憾之后的补救性措施。许多课堂教学的症结,倘若追根究底,根子往往就在提问上。因此,教师在备课时应把着力点首先放在如何提问上,其次是点拨、讲解或其他教学手段。只有掌握了高度的提问艺术,才能让课堂发生智慧的碰撞,擦出智慧的火花。

参加"新基础教育"实验之后,我有了这样的理解:"教学的过程是逐步解决问题的过程,原先都以为问题解决得好,才算教学效果好,殊不知在解决问题的同时能产生新问题才是教学的更高境界,原以为教师讲得条理清楚、讲得全面是好课的标志,殊不知学生的自学比教学条理更重要,学生积极的思维比讲得全面更必要。"不少教师对学生的"节外生枝"由苦恼到认可到悦纳,对学生的"我行我素"由斥责到理解到因势利导,不再排斥"标新立异",不再挖苦"死钻牛角尖",宽容学生的"自命清高",欣赏学生的"挑战权威",学生有主见、有闯劲、思维活跃、情绪高涨,课堂成为学生自由成长的精神乐园。

(二)把时间留给学生,给学生讨论的空间

开展小组讨论,我们注意解决以下两个问题:一是配备好组员,根据学生学习基础的差异、人际关系的亲疏远近加以配备,各学科老师在上课前和上课时再作适当的微调。二是慎重地选择或设计好问题。所提问题符合三个条件:切合教学的重点、难点或要点,问题应具有一定的开放度,对问题的表述做到简练、明确。

小组讨论往往存在保守、闲聊、瞎扯、开玩笑、装模作样等情况。有一位老师提出了一个解决办法,即讨论之后,进行效果检测。具体做法是:设立课堂检验本,讨论结果时或其他时段写下自己对问题的见解,然后互评互改(实际上又是一次特殊形式的交流讨论),让每一位同学随时获得解决问题成功的喜悦,或使不认真的学生得到及时的鞭策。课后,教师对课堂检测本进行有重点的第二次批改,以解决某些学生在讨论中碰到的个别问题,或发现态度不端正的及时纠正。这一步工作的增加,并不耗费多少时间,却能收到很好的教学效果,具有现实可行性。此外,将课堂检测本的用途加以扩展,对课堂上其他重要内容进行检测。只要检测优秀,对学生"自作主张"采取的学习方式不仅不加追究,反而给予肯定、表扬。课堂检测本对及时反馈信息、及时鞭策和激励都有重要意义。

随着课堂改革的推进,我们发现答疑式讨论最受学生欢迎。后进生在提出自己的疑难问题之后,在期待考倒优等生的过程中,赢得自己的一份尊严,获得渴求的一种新知;优等生在"众星捧月"般的讨论中,既有一种自身价值实现的满足,也为发现学习上的不足而感到欣喜。教师也喜欢采用答疑式讨论,许多学生亟须解决的各种各样芝麻绿豆般的小问题,一讨论,片刻工夫就解决了。

(三)把"重心"下移给学生,给学生自主探究的空间

教师不是讲得越多越好,越细越好,而是相信学生,放手让学生自己去探索新知。许多知识只有学生自己理解、消化了,才能灵活地运用。当然,教师放手不等于不管,自主学习

并不意味着全让学生自己学,教师要深入了解和研究学生,在学生自主学习过程中要注意引导,当学生对知识不理解或理解不深刻时要及时帮助。这样才能确保教学活动顺利快捷地进行,使学生获得知识、能力,并使智力得到发展,从而完成教学目标。

"新基础教育"中,强调教师要注意教学过程中展开的"三放三收"的设计。"三放三收"过程设计的要点是:一是以大问题设计为前提,而且问题之间及问题与学生已有经验之间要具有内在的关联性,尤其关注开放点的设计。二是将大问题"放下去"面向全体学生开放,通过教学的重心下移,使学生基础性资源得到生成,也能使他们的起点状态得以呈现。三是将学生生成的不同信息和各种资源"收上来",为下一步形成生生和师生的互动提供互动性资源。四是思考如何以生生和师生互动的方式有效利用资源,通过"收"的层次性,来实现教学过程的推进和提升。五是在"三放三收"设计的基础上,进一步分析学生对每个大问题思考与解决的多种可能,分析学生可能产生的困难与障碍,设计应对的策略和方案,为教学实施过程中动态调整方案提供可能。

爱因斯坦在普林斯顿大学讲课时,通常会在黑板上写出一个方程式之后停顿下来,在学生面前长时间的保持沉默,陷入沉思。爱因斯坦的这种间歇教学就是让学生"悟"的过程,就是让学生独立思考的过程。如果每一位教师都可以忍痛割爱地精简掉一两个教学环节,减少讲课内容,把节省下来的时间留给学生,让学生进行充分的思考,就非常有利于培养学生的自主学习能力。

总之,精彩的课堂需要教师把握节奏,有等待的耐心,给学生充分的思考时间。学生经过独立思考,对问题的理解和解决有了自己的见解,于是他们就有话可说,有助于把问题理解得更深刻。当教师彻底改掉以往的"一言堂"教学模式时,学生的个性方能得到真正的释放,他们才能品尝到学习的真正乐趣!

三、让学生自己"下海捕鱼"

在中学代数中有一块很重要的内容,那就是一元二次函数。一元二次函数既简单又具有丰富的内涵和外延。可以作为函数来研究,也可以结合图形来研究。作为最基本的初等函数,可以以它为素材来研究函数的单调性、奇偶性、最大(小)值等性质,还可建立起一元二次函数、二次三项式、一元二次方程、一元二次不等式之间的有机联系;结合图形,一元二次函数的图像是一条抛物线,可以联系其他平面曲线讨论相互之间关系。这些纵横联系,使得围绕二次函数可以编制出层出不穷、灵活多变的数学问题。

二期课改的教材中,将"二次函数与一元二次方程"这一节内容安排到了九年级拓展教材上。许多教师都感到难以把握,主要原因是本节教学内容牵扯到的知识点较多,有相当数量的学生对旧的知识点的掌握本身就不是特别牢固,教师对教学的深浅度不太容易把握。另外本节中运用了各种数学思想方法,有函数思想、方程思想、类比思想、分类讨论思想、数形结合思想等,这些都是初中数学中对学生所要培养的重要思想。可以说本节内容是初中代数各种知识与思想的集中展现,是初中代数内容的一个总结。怎样才能使学生更好地学好知识领会思想呢?通过对二次式的知识进行研究梳理,我对本节教学进行了整合。

本堂课的教学分为三大环节。

第一环节:对于$\Delta > 0$时的二次三项式、一元二次方程、二次函数进行横向沟通,研究它们之间的联系。

在此之前教师可以先复习二次式的知识,让学生回忆学过的二次式以及它们的一般式,并且回忆二次三项式主要研究了它在实数范围内的因式分解,一元二次方程主要研究了它的根的情况,再通过观察表达式的特征还能发现当二次函数的$y=0$时函数就变成了与它对应的一元二次方程,学生就能知道一元二次方程的根的情况决定二次函数的图像与x轴的交点个数,这样学生就有了一个研究的方向和路径,也是一个教结构的过程。

在第一环节的小结时,要强调在后续的学习中如果已知了一元二次方程$f(x)=0$的根是二次函数的图像与x轴两个交点的横坐标,那么函数解析式就可以设为$y=af(x)(a \neq 0)$的形式。这是一个比较抽象、不易理解的方法,是这节课的难点。

第二环节:对于$\Delta = 0$时的二次三项式、一元二次方程、二次函数进行横向沟通,研究它们之间的联系。这就是一个用结构的过程,有了前面的教结构的环节,这一环节学生学习起来就比较轻松了。在小结时,要强调我们经常在习题中碰到抛物线顶点在x轴上的问题,通过今天沟通了二次式的关系后,我们就知道了顶点在x轴上就是与x轴只有一个交点,而与x轴只有一个交点就是$\Delta = 0$,这样理解和解决问题就更加容易了。

5 信任
让学生自己"下海捕鱼"

第三环节:通过沟通后的关系,利用二次函数的图像拓展研究一元二次不等式的解集。在研究的过程中,学生充分体会了数形结合和知识迁移的数学思想。这个知识点是安排在高中才学的,但是通过对二次式的沟通和梳理,学生掌握起来也并不困难,这里就充分体现了将知识进行结构化,由点状变成网状的意义和价值。

三个环节在黑板上由一张表格来呈现(见下表)。

二次式 $a \neq 0$ 实数范围		二次三项式 ax^2+bx+c 因式分解	一元二次方程 $ax^2+bx+c=0$ 根的情况	二次函数 $y=ax^2+bx+c$ 与 x 轴交点的个数	一元二次不等式 $ax^2+bx+c>0$ ($ax^2+bx+c<0$)
$a>0$	$\Delta>0$	能因式分解 $ax^2+bx+c=a(x-x_1)(x-x_2)$	两个不相等的实数根 $a(x-x_1)(x-x_2)=0$	与 x 轴有两个交点 $y=a(x-x_1)(x-x_2)$	$x<x_1$ 或 $x>x_2$
	$\Delta=0$	能因式分解 $ax^2+bx+c=a(x-x_0)^2$	有两个相等的实数根 $a(x-x_0)^2=0$	与 x 轴有一个交点 $y=a(x-x_0)^2$	$x \neq x_0$ 的一切实数
	$\Delta<0$	不能因式分解	没有实数根	与 x 轴没有交点	一切实数

最后再通过两个习题对学生应用知识的能力进行一个检验：

1. 比一比，看谁答得快。

(1) 方程 $ax^2+bx+c=0$ 的解为；

(2) 求使 $ax^2+bx+c>0$ 的 x 的取值范围；

(3) 求使 $ax^2+bx+c<0$ 的 x 的取值范围。

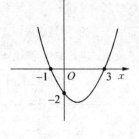

2. 比一比，看谁的方法好。

已知一元二次方程 $x^2-x-3=0$ 的两个根 x_1、x_2 是抛物线 $y=ax^2+bx+c(a\neq 0)$ 与 x 轴的两个交点 A、B 的横坐标，且抛物线过点 $C(1,3)$，求二次函数的解析式。

课堂小结主要分为三个方面：1. 知识小结，2. 数学思想方法的小结，3. 复习方法的小结。（代数知识中对于一次式和二次式采用了纵向梳理、横向沟通、综合应用、体会数学思想的复习方法，那么对于几何知识又该如何进行复习？）

3. 回家作业。

1. 已知二次函数 $y=x^2+2mx+9$ 的图像顶点在 x 轴上，求这个函数解析式。

2. 当 k 取何值时，抛物线 $y=kx^2+2(k-1)x+k-1$ 与 x 轴的交点情况是：(1) 有两个交点，(2) 有且只有一个交点，(3) 没有交点。

除了这两个问题以外，因为在课堂上我们只研究了 $a>0$ 的情况，所以要求学生将表格中 $a<0$ 的部分补充完整，达到知识的完整性，这也是"新基础教育"提倡的"长城两段式"教学方法。

初中阶段的函数内容，是变量数学的奠基性内容，对二次式的沟通梳理为今后对函数进行解析研究提供了思考的基础。要关注学生在数学思想方法、数学应用方面的认识，二次式知识的实际应用，反映了数学与现实的联系，初步渗透了函数模型思想。学生对这些数学思想方法、思考策略的正确认识，不仅有助于学生进一步学习数学和研究问题，而且将它们迁移到现实生活中用于分析、处理各种各样问题，也有重要意义。

波利亚说过："学习任何知识的最佳途径是自己去发现，因为这种发现理解最深刻，也最容易掌握其中的规律、性质、联系。"让学生自己先走，当学生遇到困难时，教师是启发者，当学生迷路时，教师是指导者，当学生成功时，教师是鼓励者，虽然学生可能走弯路，可能迟到,可他们的收获却不少。叶圣陶先生说过:教,是为了不教。作为教师,我们是学生学习的组织者、引导者与合作者,应充分相信学生的潜力,在教学中留下足够的空间、时间,放手让学生自己去探索吧!

(撰稿者:罗君花)

学生不是电脑,教师更不是鼠标

"快乐学习,自能发展"提示:
给孩子一些自主学习机会,让他们去展翅翱翔。

根据国内外学者的研究成果,自主学习就是"自我导向、自我激励、自我监控"。新课程标准明确指出:"学生是学习的主人。"苏联教育家苏霍姆林斯基曾说过:"人的心灵深处,总有一种把自己当作发现者、研究者、探索者的固有需要。"让学生自主地学习不仅是实施素质教育、培养创造型人才的需要,也是提高学科教学质量、全面完成教学任务的必由之路。正如德国教育家第斯多惠所言:"一个坏的教师奉送真理,一个好的教师则教人发现真理。"我国有"授之以鱼,不如授之以渔"的说法。真正的合作学习和探究学习一定是自主学习。因此,我们教师要通过课堂教学让学生掌握自主学习策略,使学生真正成为"学习的主人"。

一、学生不是电脑,教师更不是鼠标

课堂中"自主学习"的内涵主要表现在:让学生参与和提出对自己有意义的学习目标,学生自己制定学习进度,参与设计评价指标。给学生积极发展各种思考策略和学习策略,在解决问题中学习,在学习中探索,在探究中促进学习。让学生在学习过程中有情感的投入,学习过程有内在动力的支持,能从学习中获得积极的情感体验。让学生在学习过程中对认知活动能够进行自我监控,并作出相应的调整。

总之,在教学的过程中,尽可能地给学生一个宽松、自由的氛围,让他们有充足的时间思考,能充分地表达自己的想法,在学习中对自己有足够的信心和兴趣。

新课程标准指出"学生是学习和发展的主体","教师是学习活动的组织者和引导者"。依据课标精神,我们应该摆正教师、学生和教材的位置,立足学生发展,增强角色意识。我们必须认识到:学生是主体,他们不仅有在老师的组织下进行共同学习的义务,而且有自主选择学习内容、学习伙伴、学习方式进行个性化学习的权利,教师是为学生服务的,应该为学而教,因学论教。

让学生通过自己的努力,充分地感悟知识内容,从中激发创新思维、发展智力,最终达到提高自身的素质的目的。

二、让每个孩子自由的呼吸

1. 课堂教学。课堂教学是一个双边活动过程,教师应营造一种民主、开放、平等、轻松、和谐的教学环境才能使学生积极、主动地参与教与学的活动,真正成为课堂学习的主人。

(1) 创设情景,激发兴趣,提供主动探究的空间。许多教育家都论述过教学中应有良好的学习氛围。英国教育家洛克指出:你不能在一个战栗的心理上写上平整的文字,正如同你不能在一张震动的纸上写上平整的字一样。这说明学习的氛围直接影响着学习效果。教学中,只有创设条件,给学生提供主动参与的空间,学习效果才能得到增强。如果让学生根据自身的情况,在老师的帮助下确定对自己有意义的学习目标,自己制定学习进度,那么学生的学习兴趣肯定非常浓厚。让每个学生在课堂中充分行使自己的权利,充分享受学习的乐趣。这就给了学生自由选择的权利,为他们提供了主动探究的空间。

(2) 问题教学,激发学生学习的动机和欲望。所谓问题教学,就是以问题为载体贯穿教学过程,使学生在设问和释问的过程中萌生自主学习的动机和欲望,进而逐渐养成自主学习的习惯,并在实践中不断优化自主学习的过程和方法,提高自主学习能力的一种教学方法。问题教学法充分体现学生的主体地位,能有效地激发学生自主学习的主动性和积极性。爱因斯坦曾说:"提出问题比解决问题更重要。"爱提问题的人,往往是积极思考,富有创造力的人。因此,教师要随时注意挖掘教材中隐藏的"发现"因素,创设一种使学生主动发现问题、提出问题的情境,启发学生自己发现问题、探索知识,使教学过程围绕学习中产生的问题而展开。对问题的好奇,促使学生引发内在的需要,自主地去尝试、探究、感悟,从而自然而然地体会到问题的本质。问题的发现,不仅使课堂上处处闪烁探究、创新的火花,更使学生进入到深层次的学习探索阶段。学生在自读、自问、自悟、自解的过程中初步体验到尝试性探究学习的成功喜悦,从而唤起他们进一步学习的内驱力,完成"要我学"向"我要学"的过渡。

(3) 形式多样,培养自主学习的信心和独创性。现在的在校学生在多年的学习生涯中已经习惯了你讲我听的模式,习惯了"被动学习"和"他主学习",他们不敢也不善于发现问题,不敢相信自己是"学习的主人",不懂在学习过程中对认知活动能够进行自我监控,并作出相应的调适,更不懂自己去制定学习策略,明显缺乏独创性。为此,教师在教学中应通过各种形式培养学生自主学习的信心和自主学习的独创精神。这是自主学习取得成功很关键的一步。鼓励、启发和引导学生通过不同的途径,从不同的角度,用不同的方法解决问题,这样不仅活跃了学生的思维,开阔了思路,同时也促进学生养成善于求异的习惯,从而培养学生的创新能力和自主学习的信心。在教学中,通过思考角度的变化,思考方法的改变,题型设计的变化等来提供形态多样的知识信息,创造多样化的思维环境,接通多方位的解题思路,用"教"的创新火种点燃"学"的创新火种,从而促进理解的深入,知识的迁移,提高学生思维的变通性和广阔性,引导学生根据自己的实际情况进行大胆自我调控和相应的调整。

(4) 诱思导学,注重自主探究的尝试性。自主学习是主动的、有主见的学习,它不是放任自流的学习,也不是自由散漫的学习。课堂教学时,教师要精心策划,引导学生参与和确定对自己有意义的学习目标的提出,自己制定学习进度,参与设计评价指标。教师可以运用适当的手段对学生的学习思路进行诱导,鼓励学生大胆发现、探究。为此,教师没必要急于先"发",即把知识点直接"和盘托出",而是诱导学生的思维,启发他们自行思考,激活学生整个认知系统,把他们最初的兴趣萌芽状态引入到主动探索理解新知识的阶段。

(5) 建立合作小组,提供主动参与的合作伙伴。为此,在课堂教学过程中,在让每个学生明确读书讨论的内容、要求之后,可采用小组学习讨论的形式,以6人一组为标准,将不同学习能力、学习态度、学习兴趣、性别的学生分配在同一组内,再给组内成员一个特殊的身份,一项特殊的职责,让学生互相学习,互相帮助,共同提高。在全班分小组讨论之时,教师关心每一小组的讨论情况,同时有重点地参与一两个小组的讨论。

学生通过小组内的互相帮助,共同商讨,不仅对课文内容有了更深的理解,而且学习的自主性也得到了充分展现。在小组讨论之后,学生热情高涨,教师应抓住时机,因势利导,开展组际交流。让学生畅所欲言,各抒己见,展示自我,肯定学生的独到见解和鼓励学生的相互争辩。通过议论、争辩,让学生在摄取信息的过程中相互交流,相互补充,增强了学生主动参加评价与合作解决问题的意识。这种形式的交流,对于摄取信息能力强的学生来说是一种鼓励、肯定;对摄取信息能力稍弱的学生来说,则是一种启发、帮助。学生学会了学习的方法,必然更会学习,更喜欢学习,学习信心也就更足。

2. 作业布置。学生在课堂上学习新知识后,完成一定的作业,对于巩固所学知识,训练思维方法,发展能力,增强学习的信心,提高学生自主学习的积极性,具有重要作用。为此,布置作业应注意以下几点:

(1) 因材施教,突出层次性。所谓因材施教,不仅指教法的选择,还应该包括作业布置的层次性,要注意照顾到三方面的学生:对中等生指导他们巩固所学新知以后,尝试思考和解决稍深的学习问题;对于学困生则指导他们进一步理解和巩固所学新知中最基本的部分;对于优等生,应指导他们在掌握新知的基础上,解决综合性更强、条件更复杂、难度更大的学习问题,提高他们的自我发展能力。在教师的指导下,学生分层各自练习,保证让学生及时完成作业,把精力放在理解和运用知识上,也能让他们在体会成功喜悦的同时,增强学习的信心,全班学生各自获得不同层次上的平衡,培养了自己的创造力,产生了强烈的愉悦感,大大提高了学习的自主性,进入一个新的良性心理循环过程。

(2) 寓学于乐,体现趣味性。爱因斯坦说:"兴趣是学习的母亲。"兴趣能激发学生的学习动机,富有情境的作业具有一定吸引力,能使学生充分发挥自己的智力水平去完成。趣味性要体现出题型多样,方式新颖,内容有创造性。根据各学科的特点选择,例如选择题、填空题、作图题、改错题、看图作文题、表演题等经常变换,课本习题、自编习题、计算类题目、表述类题目(如单元小结、学习体会、学科故事、小论文等)互相穿插,让学生感受到作业内容和形式的丰富多彩,使之情绪高昂,乐于思考,从而感受作业的乐趣。

(3)教学相长,重视互动性。随着课改的深入,作业布置不应只是教师的"专利",教师可引导学生根据教学内容选择作业题目,可以有师生命题、同桌互选、学生自选等多种形式,这样更能突出"学生是学习的主人"。作业布置的互动性还应体现在师生之间,有时教师也可以与学生一同做作业,在真实的情境里实现师生的"同心、同行、同乐",激发学生"试与老师比高低"的好胜心,体会师生共同建构新知识的乐趣,从而提高学习热情。

(4)自主探究。尝试开放性作业现实世界的许多问题是开放的,答案是丰富多彩的。开放性作业以不可预见的新知识(即师生共同建构、创新课程产生的新知识)为基础,带着师生强烈的情感、态度、价值观,学生能从学习中获得积极的情感体验,从而产生内在的动力,这将大大激发学生各种思考策略和学习策略。生活中蕴含着丰富的教育因素,学生的校内外生活是学校课程资源开发的重要领域。我们可就此设计一些开放性的作业。例如在进行完初一列方程解应用题的教学之后,可以让学生利用假期到工厂、商场、银行、彩票发售地去调查了解有关成本、利率、物价、打折等经济活动的意义,并编拟出研究性课题,如调查报告、小论文等。这样,一方面培养学生自主探究、领悟问题的本领,另一方面把解决问题的方法与数学联系起来,培养学生应用数学的意识。再如语文教学本身就是一个开放的系统,"语文学习的外延和生活的外延相等",更适宜设计开放的作业。让学生爱学、乐学、会学、善学,让学生在自主学习、自主探究的实践中收获、成长。

三、建立学生自评为主,教师、家长共同参与的评价制度

评价考核是教学一个重要环节,但不应由教师垄断,应让学生自己对学习上的优点和缺点作自我评价、畅所欲言,各抒己见。自主学习特征之一"学习者参与和提出对自己有意义的学习目标,自己制定学习进度,参与设计评价指标"也决定了这一点。

无论学习内容有多么新,学习方法有多么先进,如果在评价上采取老一套,新内容和新方式的价值就无从体现。因此,改变评价方式十分重要。在诸多新的课程理念中,尤其是"改变课程评价过分强调甄别与选拔的功能,发挥评价促进学生发展、教师提高和改进教学实践的功能"和"建立学生自评为主,教师、家长共同参与的评价制度"这两段话告诉我们,建立符合素质教育理念的评价与考试制度,是新一轮课程改革的一项重要任务。

5 信任
学生不是电脑，教师更不是鼠标

美国著名教育家、心理学家加德纳的研究表明，智能共有八种不同的表现形式：语言，逻辑数学智能，音乐智能，肢体、运动智能，空间智能，人际智能，内省智能，自然智力。旧的学校教育把注意力片面集中在语言智力和逻辑数理智力上，致使我们对大脑学习潜力产生了一种不正常的、有局限性的看法。在加德纳看来，人拥有这八种形式的智力，但其强弱及熟练程度却因人而各不相同。教育工作者要善待学生的"多元智能"，要尽最大可能开发学生的各种智能，同时要照顾学生的个性差异。

目前，由于一些社会因素的影响和传统观念的根深蒂固，应试教育还有着相当的市场。评价方式仍然固守在知识学习结果评价上，还没有把学生的知识学习过程、学生的创新精神和动手实践能力等纳入评价的范围。如果对学生的评价采取唯一的、简单的标准，丧失了考试的激励功能，势必削弱学生学习的信心，伤害学生自主学习的积极性。因此，必须树立新的考试理念，对传统的考核评价形式进行变革，让课堂成为学生主动发展、快乐成长的精神家园。

（撰稿者：仲卫新）

放手，把时间还给学生

"快乐学习，自能发展"提示：
给他时间，让他自己去利用。

英语谚语中有这么几句话：
Time works wonders. 时间可以创造奇迹或时间的效力不可思议。
Time works great changes. 时间可以产生巨大的变化。

我国著名诗人、剧作家郭沫若也曾说："教学的目的是培养学生自己学习，自己研究，用自己的头脑来想，用自己的眼睛看，用自己的手来做这种精神。"如果在教学时候给学生一些时间，就是说在课堂上，教师给学生提供时间去思考，和同学相互交流、相互协作、共同参与，要把时间交还给学生，留给他们自主利用的余地，让他们体验成功的喜悦。太过死板的教育无法调动学生的兴趣，唯有学会"放手"，让学生能够自由掌握时间、有尽情发挥的余地，才会事半功倍，收获更好的成果。

一、放手，把时间还给学生

英语课堂中"时间"的内涵主要表现在：给学生读的时间，给学生思考感悟的时间，给学生讲的时间。总之，在教学的过程中，尽可能地给学生一个宽松、自由的氛围，让他们有充足的时间思考,能充分地表达自己的想法,在学习中对自己有足够的信心和兴趣。

《课程标准》指出"学生是学习和发展的主体","教师是学习活动的组织者和引导者"。依据课标精神,我们应该摆正教师、学生和教材的位置,立足学生发展,增强角色意识。我们必须认识到:学生是主体,他们不仅有在老师的组织下进行共同学习的义务,而且有自主选择学习内容、学习伙伴、学习方式进行个性化学习的权利,教师是为学生服务的,应该为学而教,因学论教。在实际的教学中,如果只让学生被动地接受教师指定的学习内容,那么,这样的教学只能让孩子们兴趣大减,丧失学习的兴趣。其实,我们不妨多让孩子吃些"自助餐",让孩子们有选择地说、有选择地读、有选择地背……充分发挥他们的主体性和创造性。课堂应该是学生的天地,在这个天地里,让学生通过自己的努力,充分地感悟课文内容,从中激发创新思维、发展智力,最终达到提高自身的英语水平。

二、要慢慢等待嫩芽发芽

如何使英语教学变得更加生动有趣,焕发出生命的活力,激荡起创新的火花呢?我认为十分重要的一点是,在学生进行学习活动时,教师给予充分的、多方面的时间。那么,我们在课堂上应该还给学生哪些"时间"呢?

1. 把"读"的时间还给学生

"读"是最重要的英语实践活动。英语课要"以读为本",要舍得花时间让学生充分地读。课堂教学中要重视读的作用,就要求教师建构以读为主的教学结构,要避免为读而读。教师要精心选择读的形式和方法,个别读、齐读、分角色读、引读、默读、范读等。应根据读的内容和时机灵活运用,使学生始终处于一种积极、兴奋的读书状态。特别是要讲解意群停顿,让学生读出感情,要发挥教师自身范读的作用。尤其是在新授课文上一定要把读的时间留给学生,还要求教师在朗读训练中引进选择机制,因为学生的朗读能力是各不相同的,要让学生选择自己喜欢的段落或角色来读,这样他们往往会满怀信心地,主动积极地投入到下一项学习活动中去。多种形式的朗读,给学生一个完整的体味过程。

2. 把思考感悟的时间留给学生

传统陈旧的教学模式是"教师讲、学生听,教师问、学生答"。课堂教学中,教师唱的是主角,学生则是配角,学生是知识的被动接受者,学生的学习是被动的学习,其主体地位根本就无从体现。教学到底是教服务于学,还是学为教服务,教学论对于教学目的的阐述是非常明确的。教师唱主角的课绝不是好课。然而老师为了完成教学任务,完成自己设计的活动,往往是匆忙教学。我们在教学实践中经常会遇到这种情况:老师为了充分利用有限的40分钟,在讲台上挥汗如雨,学生却抱怨节奏太快,容量太多。同时,焦虑,烦躁,不安的情绪开始蔓延开来,教师也开始埋怨学生缓慢反应,浪费时间。面对这种困境,我们是否该反省一下:如此的充实,是不是有点过犹不及?为什么不在课堂上留给学生思考的时间和空间呢?如果老师舍得给学生思考的时间,那么我们是否还会责备学生的反应过慢呢?教学的最终目标指向,就是让学生成为学习的主人,成为学生自己生命的乐趣和生活的需要。给予学生思考和感悟的时间,相信他们也会给你惊喜。

3. 把"讲"的时间让给学生

教师应该把课堂的舞台留给学生,让他们在教师的引导下自主学习、合作学习,让他们在实践中培养听、说、读、写的技巧能力。给学生充分的阅读、思考和练习的时间,不要因为教师的讲解而抠扣学生讲的时间。我们教师不要重蹈"满堂灌"的覆辙,"满堂灌"忽略了学生的主体地位。部分教师之所以满堂灌,一讲到底,主要原因还是不相信学生能力,害怕放手让学生表演耽搁了时间,完不成教学任务。其实,教学任务的完成并不取决于教材内容的完整传授,而应取决于教学效果,即是否真正训练了学生思维,培养了学生能力。如果不敢放手,他们就永远不会自己走路。他们要走的路还很长,我们不可能永远扶下去,所以为了真正达到不需要教的目的,教师就应充分相信学生,多给他们讲的时间。多让他们有 pair work, group work 这样的活动,他们一定会给你意外的精彩。

三、孩子带给你的意外精彩

教学 going to see a film 这篇课文的时候,我在学生学习课文之前提问"What kind of film do you like?"同学们除了可以回答出 cartoon 外,其余几乎都用中文回答。我意识到急了一点,让学生打开书本,让学生自己来读课文内容,里面有电影的种类。几分钟后,学生回答 I like action film best;有的说 I like love story best;有的说 I like films about adventures,只有输入了才会有输出,这时的孩子们,已经认真想过与课文相关的内容了。

学了相关的内容后我抛出第二个问题"Why do you like it best?"学生思维活跃,经过分组讨论,他们回答是"interesting, moving, touching, exciting"。第三个问题是"What can you learn from the film?"对于电影 Swan Lake,他们的回答是"We learn what the true love is from the story." "We learn that we can't give up doing anything halfway."对于电影 Superman,他们的回答是"We can learn we should be always helpful to others."对于电影 Titanic,他们的回答是"We learn we must be brave when we meet difficulties."在这个环节上,学生的思维非常活跃,取得了良好的效果。

再如教学 a happy farmer 这篇课文的第三课时中,学习 model students 的品质。我先设计了问题:"Who do you think is a model student in your class? And what can we learn from him or her?"对于第一个问题学生不难回答,有难度的是第二个问题。我们在上新课前给学生提供了关于人的好品质的一些形容词,如 helpful, warm-hearted, friendly, kind, patient, obedient, active 等。学生一般都描述模范生的品质是 helpful,具体的形容需要他们花时间去思考。他们回答是:"When I need help, she/he always helps me, and she/he is very patient."在这个环节中,学生同样也是有很多思想的火花闪现。

又比如说:"I think Mary is a model student because she is obedient. She never loses her temper at home, and she always helps her mother with the housework."这实在是太精彩了,不仅让孩子学到了很多新的单词,在思想上还给学生上了很好的一课,引导他们形成积极向上一种学习和生活的态度。课堂实践证明,学生很喜欢这个自主思考大胆发言的环节,课堂气氛很活跃,学习兴趣浓厚。

教育之道，
道在心灵

正如谚语"Time will tell（时间能说明问题）"和"Time tries truth（时间能检验真理）"，我觉得之所以能够充分调动起学生学习英语的兴趣，就是因为老师要"舍得"把课堂的时间还给学生，有"舍"才有"得"。只有充分调动学生的学习兴趣，才能化兴趣为动力，养成良好的学习习惯，从而为今后进一步的英语学习打下良好的基础。时间会告诉我们一切的。

（撰稿者：王引芳）

6 自然

与尊重观念密切相关的,还有三个"不能超越"观念:孩子们的生命健康不能超越,人格尊严不能超越,个体差异不能超越。无论我们的压力有多大,这三个"不能超越"须时刻谨记。不要为孩子设定统一的成长标准,不拿这个孩子和那个孩子比较,接受孩子最自然、最本真的状态,这在教育过程中至关重要。

汩汩清泉流进孩子的心里 / 181

有力好风,让孩子直上青云 / 190

孩子眼中有一个色彩斑斓的世界 / 198

每个孩子都有一颗水晶般的心灵 / 204

让"绿色"住在孩子的心里 / 210

教育有自身的规律,孩子的发展也有自身的规律,教育是要给孩子们智慧,发展孩子们的能力,培养孩子们的情感,为孩子们的可持续发展服务,让孩子们感受到快乐与幸福。正如卢梭所说:"大自然希望儿童在成人以前就要像儿童的样子。如果我们打乱了这个秩序,我们就会制造一些早熟的果实,它们既不丰满也不甜美,而且很快就会腐烂。我们将制造一些年纪轻轻的博士和老态龙钟的儿童"。

教师的眼里和心里应该能认识到天性的存在,真正欣赏孩子们的天性。让他们像野花一样自然生长。因为孩子们就如同"自给自足"的"种子",教师就要像"园丁"一样,他要相信种子生长的能力,准备好适宜的土壤,全力为其花木的生长创造适宜的条件。但是他不能拔苗助长,而是让苗儿自己生长。裴斯泰洛齐声称正确的教育如同园丁的艺术。"什么是真正的教育呢?它如同一位园丁,在他的照顾下,百花齐放,万木争春。"

把孩子们比作种子或花木,把教师比作园丁,这是一种类比。实际上,儿童比种子或花木要复杂得多,教师的工作比园丁也要复杂得多,尽管他们拥有共同的或共通的规律。因而,相对于园丁来说,教师不仅要发现并顺应"种子"成长的规律,还要指导其天性的成长。教育的本质就恰恰在这里:发现孩子们的天性并且指导其生长,不在于赋予孩子们什么,而是发现了什么,然后指导了什么。孩子的天性是需要引导的。作为教师要拥有农民种庄稼的心态,在合适的时机给庄稼施肥、浇水、灭虫,精心呵护之下,终会有丰收之果。

教育要在遵循孩子们天性的基础上使孩子们获得可持性的发展,孩子的教育过程应使儿童感受到幸福。要使孩子们愉快地接受教育,要使教育愉快地为孩子们所接受,就要认识儿童发展的天性和需要,不要强迫孩子们去接受违背自然本性的东西。"一切违背儿童成长内在力量的、外在强加的活动对儿童来说均无幸福可言。"教师也应该从孜孜不倦的"教"中解放出来,等待他们开悟、等待失败、等待自我修正、等待成功。这种等待更多的时候需要耐心,远离功利,屏息观望。"把成人看作成人,把孩子看作孩子。分配每一个人的地位,并且使他固定于那个地位,按照人的天性处理人的欲念,为了人的幸福,我们能做的事情就是这些"。

教师是精神上的长途跋涉者,我们的脚下只有起点。

汩汩清泉流进孩子的心里

"快乐学习,自能发展"提示:
给孩子一点开放,让他们文思泉涌。

自古以来就有"诗言志"、"词言情"、"言为心声"的说法。作文的本质就是如此,文章是作者"情郁于中,不吐不快"的内心情感的自然流露。但现在学生一碰到作文就文思枯竭、笔尖干涩、抓头挠腮,痛苦不已。究其原因,在与大多数教师为应试而教,教师主导作用过度强化,从作文命题、立意、选材等方面教师一人独揽,学生在框架内习作,缺乏个性与自主性。这样的作文教学,割裂了习作与实践、生活、社会的关系,学生在一成不变的空间里闭门造车,最终导致的是习作缺乏鲜活性、时代性和开放性,"作文"成了一潭死水。

给学生一点开放,就是通过写作方式、写作内容、写作渠道的开放,让学生融入生活,多角度地观察生活。因为只有捕捉到事物的特征才能力求有创意的表达,才能激起学生习作意识和创作需求,进而文思泉涌,妙笔生花,书写出有自己真性情的文章。

一、把活水引进来

在现代汉语中,"开放"一词的一个义项是"解除封锁、禁令、限制"。所谓开放性写作指的是在作文教学过程中创设宽松的学习环境,打破传统的封闭状态,拓宽和开发更多的作文教学资源,建设开放而有活力的语文课程,为学生提供一个与学校、家庭、社会、自然界相融合以及与学生实际需求相融合的广大空间,充分尊重和相信每一位学生,让他们在全方位开放的作文教学的空间里自由驰骋,全面提高学生的习作兴趣和语文素养。

二期课改提出"要关注学生的学习兴趣和经验;要重视课内、课外多种学习途径的结合,重视学校课程和更广泛的社会实践的有机结合,形成丰富多彩的学习环境"、"要注重学生的语言积累,让学生在动态的语言实践过程中,掌握语言运用的规范、感受、体验优秀作品的语言魅力"。这就是说让学生融入生活,多角度地观察生活,发现生活的丰富多彩,只有捕捉到事物的特征才能力求有创意的表达,所以我们要实行必要的开放性写作教学。

这种教学突破传统的教材中心,教师中心和课堂中心,取而代之以学生为中心,发展为中心,生活需要为中心。作文教学少一点依纲据本,多一些自由表达;少一点规则要求,多一些活动设计;少一点传统因袭,多一些突破创新。把学生从课本中解放出来,表达自己的真情实感;把学生从教师"关怀备至"的指导中解放出来,自己去发现、体会、创新;把学生从课堂里解放出来,回归自然,回归生活,置作文训练于生活应用之中。

二、让孩子告别"思维黑箱"

(一)写作方式向自由灵活开放

1. 作文命题的开放

据统计现在的大部分学生都不喜欢写命题作文,认为束缚太多,以致写作时畏首畏尾,中规中矩。学生是写作的主人,不妨将写作内容的选择权交给学生。否则老师煞费苦心的为学生"拟题"有时只会落个吃力不讨好的下场。瞧瞧这是我搜集的部分学生自拟的练笔题目:《我们班中"新闻"多》、《都是××惹的祸》、《当个小孩真不容易》——让人一看就有倾吐表达的欲望;《我们班的"四大金刚"》、《我型我秀之校园篇》、《孙悟空再游现代》——多会借鉴,一看就生好奇之心;《给快乐贴上保鲜膜》、《方便面的自述》、《"智斗"妈妈》、《给小狗洗澡》,多有童真童趣……实施开放式写作教学后,学生们由以往讨厌练笔,渐渐地发展为喜爱练笔。"唉!又要写作文了"叹气的声音渐渐少了,取而代之的是同学兴奋地来到我身边说:"老师这周练笔我已经提前写好了,你先给我看看吧。"

2. 课堂形式的开放

传统的写作教学是老师在讲滔台上滔滔不绝地进行作文构思、作文素材等写作技巧的讲解,而学生却往往在下面置若罔闻,收获寥寥。所以一定要改变这种枯燥、呆板的作文课形式,通过开放、设计不同的开放主题,有序组织各种活动,引导学生去观察、去思考、去感悟,在开心的活动中培养起浓厚的作文兴趣。可以把课堂开设为即时的欣赏感受课,通过欣赏雪景、雨中漫步、探寻校园春之足迹等为学生的感同身受创设有力的环境。学生对此无一不拍手称好,积极投入;可以把课堂开设为赛场,让学生身心投入,努力拼搏:掰手腕、踩气球,学生无不跃跃欲试,气氛热烈;可以把作文课开设为故事会,在跌宕起伏的情节,共同感受着主人公或悲或喜的遭遇,自己也随之或怒,或嗔,或喜,或忧……;可以把作文课开设为辩论会,让伶牙俐齿、思维敏捷的学生一展犀利雄辩的口才,用机巧的辩驳、善意的戏谑折服所有的听众;可以把作文课开设为综合实践课,通过精心的设计把写作的训练要点有机的融合进去……

如我曾开设过一节"七宝古镇房地产展览"的综合实践课,主要通过创设导游带领一群买房团到七宝买房,顾客与银行、房产商和装潢公司洽谈,在其中落实导游介绍词、房屋广告词的写作要点,同时又与数学的利率(买房的贷款)、美术的欣赏(房屋的室内装潢)等有机结合起来,寓教于乐,收到了良好的效果。

所以说只有因地制宜,因时制宜创设各种学习情境、开发实践环节和拓宽学习渠道,帮助学生在学习过程中体验、感悟、建构并丰富学生的学习经验,才能调动起学生无穷的乐趣,然后因势利导,进行兴趣迁移。结果必然是学生思维活跃、文思如泉,妙笔生花,笔随心动吵吵吵就能流畅地把此情此景再现出来。

3. 学生思维的开放

二期课改要求中提到"课程应具有适应终身学习的基础知识、基本技能和学习的策略;要具有初步的创新精神、实践能力和可持续发展能力",这就是说要着眼于促进学生的发展,尤其是创新能力的发展,而创新能力的核心和基础就是创新思维。在语文的写作教学中同样隐藏着许多可供发散思维的信息源,教师要善于捕捉,鼓励学生思维开放,即打破思维定势,从新角度、新观念出发认识事物,变通思考,敢于发表与众不同的见解,提出解决问题的新方法,并付诸笔端。

可行的训练方法有:

A. 结尾续写法。可依据课文故事结尾的发展情况,猜测、想象故事可能继续发展的趋势,进行续写。如在教完《我的叔叔于勒》一文后,我就及时让学生续写《于勒又回来了》,让学生猜测于勒发财与落魄给他带来的不同命运。B. 收获感悟法。一千个读者就有一千个哈姆雷特。在阅读完作品后及时让学生写下他们的收获和感悟。可以借助写读后感来鼓励学生从问题的不同思考点出发,选取一点,抒发感慨,写出自己独特的感受,让立意出新、出奇。如在写课外文言文《牧竖巧逮狼》的读后感时,有学生从两童子的聪明机智来谈,也有同学从遇事要沉着冷静来谈,更有同学从爱护动物的角度对两童子的做法提出了情绪激愤的抗议,形成观点各异,百花齐放的局面。C. 角色转换法。角色转换法是指依据特定的情境、作品等,结合个人的理解感受、知识经验,各抒己见。例如程同学写了一篇《为钱正名》练笔,饶有趣味:钱,在人们使用的过程中,变成了是非之物。人追求钱不择手段,人利用钱颠倒是非,最后人利用钱做挡箭牌,使钱受冤……我要为钱正名,钱本无过!

总之,教师要注意挖掘身边的一切资源,来引导学生对同一事物的不同思考,突破思维的唯一性、集中性,引导学生进行发散性思维,进而打开学生封闭式的"思维黑箱"。

(二)写作内容向丰富多彩开放

我们教师要把学生引入万花筒般的社会生活,让他们关注、了解、分析、思考一些现象和各种社会热点,进而增智广识,引发兴趣,提高洞察力、判断力和思维力,形成初步的感受生活的能力。

1. 向社区开放

社区是社会的缩影,是一个具有丰富资源文化的地域名词,而我校毗邻历史悠久、人杰地灵的七宝古镇,社区资源更是得天独厚。七宝七件宝的传说、七宝的历代名人、七宝的名胜古迹、民俗文化、小吃等等为提高学生写作素养、人文素养和科学素养提供了很好的载体,也为学生提供了"拓宽语文学习的渠道,构建开放的适应时代发展的课程体系"。教师可以设计让学生了解社区文化资源,在撰写游记、导游词、解说词、调查报告等形式的写作中,了解家乡的优秀文化遗产,增加传统文化的积淀,增强社会的责任感,同时也进一步提高自己的语文写作素养。

2. 向企事业单位开放

调查报告、通讯消息、合同、说明书、广告、信件等样式在现实领域中实用性极强,但在日常的作文写作中却应用不多,学生也缺乏写作热情,所以也可思考在这些方面向同学们开放,在开放中让学生看得真切,易于激发积极写作训练的内在动机,从而变被动写作为主动学习。可以通过组织让学生深入工厂、农村、贸易市场、物业、环卫所等单位寻找写作"活水",积累写作素材,发现写作的用途。

3. 向时事热点开放

其实,只要我们稍微留意一下,我们的学生特别是高年级的学生还是很向往走向社会。在午间,在课间休息的片刻,他们总喜欢对一些社会热点问题说长道短;更有的中学生喜欢把关注的焦点投放到科技发展、自然生态、战争与和平等重大的世界主题方面。例如:2008年9月中国"神七"成功发射,举国上下一片欢腾,我就要求学生收集一些航天事业的资料,尤其是中国的资料,然后再发表一些自己对于此次事件的看法,同学们热血沸腾,纷纷为中华航天事业之崛起而表达自己的兴奋。吕同学这样写道:今天是一个令人振奋的日子,我们的宇航员又一次踏上了飞天历程,去实践太空漫步的伟大梦想。此时此刻,我内心澎湃,我们终于跻身世界科技强国之列,祖国啊,祖国,我为你自豪,我为你骄傲!

不过为了让学生更真实地了解社会,感受社会,有时我也会把社会的另一面呈现给他们:例如人民网——社会广角刊登了"流浪青年遭车祸无人救助,路边苦撑五天雪夜辞世"的文章,在社会上引起很大的反响,于是我也把它引入课堂。课堂上学生发言热烈,感触良多,从学生的角度围绕"生命、人性、责任"等相关话题展开讨论、发表自己的真知灼见。对社会的认识、思考也有了进一步的深度和广度。

(三) 写作渠道向各种传媒开放

当今社会是信息社会时代,传媒与人们的生活息息相关,媒体已经成为儿童和青少年乃至成人的第二个教育课堂。如何充分认识与运用媒体教育的作用,如何因势利导通过媒体教育,改变传统的学习方式,丰富学生的知识,扩展学生的视野,建立新的知识系统,这些难题已经摆在21世纪中国现代化教育的面前,也摆在了我们每一个教育工作者的面前,笔者认为可以从以下三个方面进行探索。

1. 报纸、杂志的利用

报纸、杂志这种传统的纸质媒介,具有方便灵活、针对性强、权威性、便于长久留存的特点,所以无可厚非地成为了首要之选。我平时让同学养成每天读书看报的习惯,及时关注社会,关注国家大事。例如汶川大地震后,报纸上大篇幅的报道,同学们都把关注点投向这个领域,纷纷在随笔中记录下自己的感受。有对母爱的再认识:"生活中我一直以为母爱没那么伟大,我也对这份爱无动于衷的接受着,但是当我看到那一个个在废墟中为了保护怀中的孩子而保持僵硬姿势的母亲时,我深深地被震撼了,我开始重新审视母爱……"有对责任的阐述:看着那个小不点的班长林浩,当他说出救人的初衷只因为他是班长时,我明白了责任的重要性,人性的光芒有时简单到仅仅就是你履行了自己身上的责任……看着学生们的一段段感悟,我欣喜地发现他们的观察力、社会洞悉力正一步步向纵向发展。

但"写作绝不是纯粹的倾吐,它的倾吐要以吸收和蓄积为基础"。而学生的吸收和蓄积内容却是以学生的兴趣养成为基础的。所以我利用杂志培养学生的阅读兴趣,使学生由被动为主动、由不自觉为自觉。例如根据初一学生的生理、心理特点,我先每星期给学生提供1—2篇文字浅显但有一定深意的千字文,如《生命之烛》、《血色母爱》、《散步》、《这条小鱼在乎》等等,让学生读后谈感受。阅读后学生感慨颇多:有学生感叹"'阳光便是生命',生命也是阳光,冬日里的生命更是在燃烧的火,愿你我就是那一把火,照亮着寒冷的冬季。有的学生表达着对一家三代浓浓的亲情的艳羡;有的学生则深切感受到自己父母身上的重任,表现出对父母的理解和敬佩……通过这些文章的赏析,学生提高了阅读兴趣,之后就有学生问我:老师,你能不能多给我们一些?你这些文章哪儿找来的?于是,我就给他们介绍一些雅俗共赏的杂志《萌芽》、《中文自修》、《青年文摘》、《读者》等等,并推荐了几个版块:六人行、滴水藏海、片首语等等。现在两个班的同学几乎都已养成每天睡觉之前静静地读一篇小文章的习惯。有了初步的"读"之后,学生自然而然地就会对文章有所借鉴和感悟。他们的随笔本也就不断地记载下了他们的点滴收获。

2. 影视传媒的利用

影视传媒具有视听综合、感染力强,有利于注意力的高度集中的效果。所以我常常让学生收看新闻、各种有益身心的影视剧节目,如纪实频道的 DISCOVERY、中央台的焦点访谈、东方台的东方大讲坛等等。之后再进行有选择性的话题作文,学生就能有感而发,侃侃而谈了。例如有学生在看了《今日说法》有关财富的话题后,这样写道:

看完这个故事,引起了我的深思:财富是什么?财富不仅上物质上的富有,更是精神上的充实。其实我们每个人都拥有财富——我们的亲人,我们的书籍,我们的知识。朋友,愿你珍惜你所拥有的财富。

3. 广播传媒的利用

广播传媒是大众化的选择工具,具有成本低、选择性强的特点。而且随着科技的进步,除收音机外、音响、mp3、手机等都附带上了此项功能,所以它也不失为另一种向学生开放的传媒途径,我要求学生经常收听新闻,写作时评,然后利用课前三分钟的热身运动,与同学们进行即兴的小练笔交流。例如:小郑同学在3月5日的练笔中这样写道:今天听了中央电台有关雷锋的报道,我才猛然记起今天是毛主席发出的"向雷锋叔叔学习的日子"。从小时候起,父母、老师就教育我们要向雷锋叔叔学习,我们都不以为然,认为他没什么了不起。但是,今天当我看到地上的纸屑没人捡,经过的人一个个都熟视无睹的样子(其中还包括我)……不禁感到惭愧,这时我才真正地体会到了雷锋精神的内涵,才真正地领悟到"平凡之中孕育着伟大"这句话。

4. 电脑、网络的利用

随着科技的发展,电脑渐渐普及,我们也可以思考如何正确、有效地使用这些手段,例如:学生们喜欢 QQ 聊天,其实我们也可以尝试通过建立 QQ 群在线上进行写作的互动,也可以在校园论坛上进行相关的尝试。但值得注意的是因为学生的年龄特点,对网络往往不能正确把握,需要教师的正确引导。

学生经常阅读报纸杂志、收听新闻,收看各种有益身心的影视剧节目,进行各种形式的写作练笔活动,其实就是使学生在不断丰富间接生活的同时,形成正确认识世界,了解社会,观察事物,分析问题的各种能力。而这种能力一旦形成,就需要表达,所谓情动于衷,不能自已,便会形诸笔端,写成一篇篇课外练笔。

三、汩汩清泉流进孩子的心里

在一个夏天午后,我正好在讲写作的选材与构思,我讲得眉飞色舞,但下面的同学却无精打采,恹恹欲睡……突然,下起了大雨,同学们一下子精神抖擞都纷纷扭头向窗外看。看到此情此景,我不由得想:既然大家对这场雨这么有兴趣,与其他们这样心不在焉地听讲,不如就让同学们自由分散到校园,观察雨景,然后写有关于雨的作文。当我宣布这一决定时,大家都欢呼起来,纷纷进入这雨中的世界。

黄同学雨中漫步之后的收获:雨,从天的顶端落下来,看见的只是一条条银丝和打在叶子上的小水滴;听见的是雨倾泻下来的哗哗声和树枝摇摆不停的沙沙声;触到的是一朵朵水花绽起的涟漪和清风掠过手的轻柔;感到的是雨的清凉,秋的凉爽;闻到的是泥土的芬芳,枝芽的清新;想到的是生命的绽放!大自然的精灵啊,奏出了生命的颂歌!

又如李同学的收获:细雨中,仿佛看见那下凡的仙女,弹着古朴的素琴,琴声宛如淙淙流水,这时,每一片树叶,每一片花瓣,甚至是小路上的每一颗鹅卵石,都变成了琴弦上跳动的精灵,她们共同合奏出一首美妙而又充满幻想的乐曲。"此曲只应天上有啊!"这雨,不知有多少人在默默喜爱呢!

在教到实用性较强的调查报告时,往往学生因为教师的死板说教而缺乏写作的热情,于是,我写作内容进一步开放,让他们深入到社会中,通过开放去发现写作的活水。

于是,小周在采访了环卫所后,写出了《社区垃圾分类问题的调查报告》:

我们还去采访了国家机关——七宝环卫所,他们详细介绍了对垃圾分类的看法,也说明了有些小区没有实施垃圾分类的原因,以及他们要采取的措施。通过和他们的交谈,我们受益匪浅,从中我们了解到:七宝地区垃圾是运到南汇进行填埋,而且现在实行垃圾分类的困难是资金和居民素质,而且七宝地区外来人口较多,为实施垃圾分类也带来了困难。

我们的建议

政府方面是实行垃圾分类的前提:1. 对垃圾分类增加新的投入,以改善垃圾处理的基础设施和能力。居委会和物业管理方面是实行垃圾分类的保障。2. 居委会要深入社区进行宣传教育,使每位居民意识到垃圾分类的重要性,讲解如何进行垃圾分类。公众参与方面是实行垃圾分类的关键。3. 家庭要提倡垃圾分类,在家庭里把垃圾分类。

我们的收获

这次活动,让我们得到许多收获。虽然在调查过程中遇到许多困难,但我们都一一克服了。首先学会了写作调查报告;其次,懂得了团结就是力量,坚持到底就是胜利;再次调查的过程也是与别人交谈的过程,这一过程锻炼了我们的胆量,增强了我们的口头表达能力,提高了我们的公民素质。

从调查报告中可以看到,通过开放,学生深入企事业单位,充分调动了学生学习的自主性和能动性,在实践中除了提高他们的语文素养,还提高了探究能力、团队合作等能力,促进了学生的可持续发展。

给他一点开放,让他文思泉涌。就是通过写作方式、写作内容、写作渠道的开放,丰富学生间接的生活,有助于学生形成认识世界、了解社会、感悟生活的各种能力,使学生在作文时有话可说,有感可发,他们的写作必然会内容充实且体会深刻。天长日久,就能激活学生写作的源头活水,解决学生"临渴而掘井"的写作状况。这种让学生融入社会、融入生活,关注周围的人和事,正是"学习语文的外延与生活的外延相等,作文教学也应如此"的具体表现。

(撰稿者:支媛)

有力好风,让孩子直上青云

"快乐学习,自能发展"提示:
给孩子有力好风,让他们直上青云。

给他"有力好风",就是立足于人本教育、素质教育发展的新思路和新立足点,关注教师如何使每一名学生乘势而行,扶摇直上;就是关注这托举之"风"的能量大小带来的速度效果,关注其垂直运动提供的上升空间,关注其达成目标需要的明确方向,从而推动学生在"快乐学习"中实现自我、自主、自觉、自会的动态性建构,实现以"面向整个人生"为策略的"自能发展"。

一、有力好风,吹醒孩子的心灵

语文教学中"给有力好风"的内涵主要表现在:给学生自觉成长的持久动力,给学生自我提升的广阔空间,给学生自会发展的明确方向。也就是说,我们强调在语文课堂上以"关注和寻求语文学习的原动力"作为基本策略,以"培育言语生命动力"为其必然途径,最终达到"实现言语生命的传承与张扬"为目标。语文教师作为教学中平等的首席,其价值在于引领和化育"言语人生"与"诗意人生"。

每一名学生都是一个独特的生命个体,都有着自然天成的言语心智和存在迥然差异的言语经验,尤其到了初中阶段,更是进入了一个言语能力形成与发展的关键时期。随着其人生观、世界观的进一步建构完善,其言语表达需求和思想倾向也呈现出更鲜明的个性特征。当今社会,网络空前发达,信息化交流分外活跃,传播权也被随意滥用。容易接受新生事物的初中学生身处其中,比其他社会群体更易受其影响,导致言语形态受到冲击;言语意识被过分弱化或者极端强化;言语人格发生道德偏离,甚至走向崩溃。

而语文学科作为工具性与人文性兼具的基础课程,要担负起培养语言审美、规范言语表达,引导建立正确的情感态度价值观的作用。这一切,需要语文教师在精心研究语文和语文教学规律的基础上,因势利导,张扬教学智慧,以一阵阵有力好风推送、带动、托举生命个体在母语中觉醒、感动、陶醉和成长、发展与飞跃。

二、有力好风,唤醒孩子生命光彩

如何使学生在语言研习的过程中通过积累、感悟、涵泳语言文化之美,获得文化熏陶,有效提升语文素养呢?关键在于面向全体学生,以人的发展为本,注重知、情、意、行相结合,为其终身学习与发展奠定基础。教师作用于学生的智慧与投入,犹如"有力好风",给予学生针对现实需要及时代环境,而又指向未来的指导与帮助,使其在生活意义世界当中学习语文,在自在与自得中找到自我、释放自我与发展自我。那么我们应该如何给学生这"有力好风",送他"直上青云"呢?

1. 给学生自觉成长的持久动力

这是从人的本质属性功能维度提出的观点。人之所以得到发展,在于其内动力(即内部价值的升华)及其外驱力(即外部环境的刺激)这两种作用力的有机结合。教师所要做的,即要着眼于学生意识、态度、思维、能力的持续发展,来关注其性格、情感、意志、动机和需要等因素的积极作用。我们要借外化来促内育,来教会学生发现不足,看到现阶段可以达成的目标,找到能力增长点,懂得下功夫自觉自愿投身学习,实现自觉能动发展。

这一过程要能促进每一个学生积极的"自我概念"的发展,其间可以利用各种有效的学习方式:如在明确了学生是知识意义的主动构建者,而不是被动接受知识的容器之后,教师就能明确,他所担当的是学生学习的激发者、辅导者、各种能力和积极个性的培养者角色,就能在此基础上将"传授式"学习与"探究式"学习相结合,激发学生的好奇心及深入研究、探寻到底的意志品质;当教师发现自己在尊重学生的个性上落到实处,让其阅读、圈划、思考之后却仍然存疑之时,集体情智与力量的作用便彰显出来,于是就能采取"独立学习"与"合作学习"相结合的方式,从而改变个体学生"无知却无所谓"的态度,提高在交流分享中互动解难的水平;当教师设置的问题因难度系数过高,响应者寥寥之际,教师就能意识到"跳一跳就能摘到果实"有多么重要,从而设置足以刺激学生积极学习与思考状态的相应梯度,为学生创造能力、探究精神的发展提供空间,使其在自我跨越中有所习得,有所提高,有所发展,得到心智的成长,从而提升全体学生的自主进取精神。

2. 给学生自我提升的广阔空间

每个人都有个体成长的潜能维度。而这一潜能的基础就在于人与人之间首先是存在差异性、不平衡的,其次人是有不同的发展倾向和能量升值空间的。只有让学生有空间的自在感,才能充分实现自主。教师首先要给予学生时间的开阔感。当我们统治、占领了学生的所有时间,让其没有"余量"时,何谈弹性自主的发展?当学生们口耳相传着"有一种占课叫某某,有一种拖堂叫某某,有一种不吃饭叫某某,有一种说教叫某某"时,其实传递的是一种学习认同感上的压抑和厌弃。如此这般,学生求知的"学科认同感"、"学习喜悦感"和最终的"成长式跨越"又从何而来?当我们碎问碎答、教条肢解的课堂呈现在学生面前时,培养的也一定是唯命是从、亦步亦趋的木头人。没有了思维品质的培养,扼杀的是具有创造性的生命活力、有鲜明成长渴望的人。

对此,我们提供的课堂应该是能引发、唤醒学生积极的兴趣、动机及美好的态度、情感的个体"体验场"和共性"分享地";我们的语文教师所展现出的应该是既能指导感悟文本,又能开拓文本价值;既能组织学生,又能放开约束;既能研究教法,又不拘泥于教法;既能进行充分预设,又能抓住契机动态生成;既重视课堂教学,又关注课外吸收的艺术的灵动与智慧。从这个意义上说,我们送给学生的应该是"吹面不寒杨柳风"的从容托举,而绝非"北风卷地百草折"的摧残扼杀。"外铄"再强有力,没有生自于心的"内发",一切都是白瞎。

我们的语文课,既应有过程的开放性,又要有思维的多向性,更要落实于结论的丰富性。因为语文本身就绝不是一门凝固、封闭、单调的学科。我们所做的一切,是给学生学习的时间,让他自己去占领;给学生思维的空间,让他自己去利用;给学生解读的权利,让他自己去把握;给学生发展的目标,让他自己去实现。当文章知识能力训练点众多,可解读的要素有多种选择时,教师应该根据教学重难点及学生学情选择最需要着手解决的;当教学现象纷繁复杂,各有其味时,教师应该梳理文脉,把握住"牵一发而动全身"的"主问题";当作品本身有多重价值,对其理解比较多元化时,教师可从审美留白、文本拓展和情感体验等方面给学生语文学习留下弹性的认知空间。

3. 给学生自会发展的明确方向

任何一个人都不是"生而知之"的天才,所以才需要在后天不断学习,才需要学校给予他学科基础知识、职业专门知识和发挥个体能力专长的知识学习和训练。当我们刺激了学生自觉成长、放手让他们自我提升之后,绝不是让其自我膨胀,自主妄为,自由生长。如此这般,也无法期待学生"通过知识掌握走向世界,同时通过创造性地诠释知识对于生存、生活的意义而返回自身,回归当下的生活"。

我们的语文学科,意在为学生的终身发展奠定基础,让学生在语言研习过程中培育、感受、涵泳语言文化之美,从蕴含民族精神的深厚积淀中去理解、认同汉民族认识客观世界的思维方式,最终感染、造就、培养具有语文素养的现代合格公民。因此,教学过程一定是通过科学、切实的指导,既充分相信学生,为其提供研读、学习、体会的时间、空间,又能为学生指明探究发展方向及达到目标所需要的具体可操作的学习方法,能启迪智慧,激发想象,生成新的认识、能力和经验,能把学生的眼光和心灵引向更加广阔的知识海洋和天地。

正所谓"沙滩上不能建高楼",企图让学生"不教即会"、"平地而起"就能"高耸入云",那可谓"痴心妄想"。我们首先要求的是知识能力的"具象化发展"到"升格式发展"再到"深层次发展",才能逐步实现"落实发展"、"创新发展"和"超越发展"。

也就是说,当《课程标准》提出诸多发展目标时,教师要能根据一篇文章的基本特征及学生学情提出某一课时具化的教学重难点及教学策略;当多种课堂教学模式让我们眼花缭乱、目不暇接之时,我们要做的是静下心来思考,如何在尊重、顺应、激发、欣赏、张扬、放飞的同时,更以把握得当的"收"来进行规范、扶助、疏导、养护、指明、引领。要知道:真正的鲜活一定是立足于健康;真正的多彩一定是立足于饱和;真正的快乐一定是立足于真淳;真正的轻盈一定是立足于厚重!

三、有力好风,托举孩子展翅翱翔

1. 如"木兰诗"的教学,传统解读方式往往习惯于"唱高调",将其定性于"具有崇高爱国主义精神的女英雄"的典型形象。教师一味在课堂上说着一些"高大全"、"假大空"不着边际的泛话,文章被架空,人物被拔高,学生也意兴阑珊,只能"敬畏地仰望着"这一历史的"楷模"和"典范"。

如何能引导教育对象更乐于与作品中的人物形象进行对话?从语文教学应"给学生自觉成长的持久动力"这一角度来说,我们首先应该考虑的是:《木兰诗》以其浓郁的民歌情味千年传唱,木兰这一人物亦在百姓中脍炙人口,家喻户晓,彰显人格魅力。由此我们能将教学目标作如下定位:(1)抓住文本作为诗歌在音韵节奏上琅琅上口、音节和谐,适于吟诵的典型特征进行教学;(2)木兰在"普遍意义"上的人性之美。学生个体初读能把握的是文章富于变化的语音美,形式上的自然句读节奏,但在如何落实语调的内敛与张扬、语句内在的逻辑节奏,通过朗读体悟人物的思想情感,这点上学生是迷惑、茫然的。教师于是一改单调的齐读为形式丰富的个读、数人合作小组读、挑战读、呼应读等,辅以范读、自评、互评等方式,使学生在反复诵读中思考、品味、咀嚼,学生自然而然就会关注"阿爷无大儿,木兰无长兄,愿为市鞍马,从此替爷征"其实正是木兰在棘手的矛盾面前由沉思到下定决心替父从军的过程;而"不闻"、"但闻"采取前轻后重的朗读方式,由此读出的是对亲人的眷恋之情和悲壮豪迈的气概;"原驰千里足,送儿还故乡"是对家乡、亲人、回复女儿身的渴望;至于与亲人团聚的欢乐场面,朗读时语气要显得跳跃活泼、喜庆自得。

再通过对字、词、句的揣摩,发现木兰"英雄气概"实则落实于勤劳、孝顺、果敢坚毅、小心谨慎、英勇善战、不图名利等方面。而作品中为何"凯旋辞官"、"荣归故里"这两部分详写,学生在独立思考后仍不敢表达,于是这时教师要求合作学习,并引导学生关注作者塑造这一人物所倾注的情感。通过讨论,他们发现,详写女儿情态,略写英雄气概意在颂扬木兰孝敬父母、深明大义的性格,同时这一人物身上隐含着作者对美好生活的向往和对战争的冷淡。由此,英雄性格变得更丰富、真实、感人。

到此为止,不难发现,我们从"文"的角度挖掘的是木兰首先身为父母的女儿有为父分忧的美德;身为女儿身,有女孩子本身恋家、爱美的天性。她首先是这样一个可触、可感、可学的女性平民的形象,然后才在战场、社会、时代的大背景下成长为一个"英雄"。所以教学本文时,是情感立足于"孝"、态度立足于"勇"的价值观培养方向,这无疑对我们"以学生为本"的教学目的上说是有深远意义的。学生在"独立与合作学习"、思维层次的发展、品格能力的形成上都有脚踏实地的收获与成长。作品中的木兰对他们而言也不再是一个教条、抽象的"概念式英雄"。

2. 在阅读教学中应该强调要抓住有着内在牵引力的"主问题"进行教学设计,力求"牵一发而动全身"。如叶圣陶的《藕与莼菜》这一课本人设计了两个重点问题,(1)"这里"与"故乡"的藕、莼菜各自有何特点?(2)作者运用了什么写作手法?

其实本文可讲的内容很多,但如果字、词、句、篇面面俱到,只会导致枝蔓丛生的局面。本课时教师通过备课,经过高度概括和提炼,简化了教学头绪,引动了整体性阅读。通过这种方式,给了学生更多的话语权和自由度,让学生在深入理解中,在质疑辩论中享受到了思维的自由,充分体会到了语文学习中的求知感、创造感和成功感。本课时的主问题设计是从文章的题目入手:《藕与莼菜》;也是从文章的结构入手:多处运用对比手法;也是从作家的创作思路入手,即借物抒情的手法。这种方法有效避免了"将教学琐碎化、肢解化",让学生真正成为了课堂学习的主体,从而有效提高了课堂教学效率,真正让语文成了关注"人的发展"的学科。

又如,教授《老北京的小胡同》时,笔者在研读文本的基础上,课堂设计力求脉络清晰,一线贯穿。

如导入新课时围绕课题提问:文题中的"老"、"小"如何理解?学生很快就能得出结论:"老北京"既指北京城历史悠久,也指作者这个"老北京人"。

随后的初读梳理环节,教师首先给予了学生充分亲近文本的时间,要求在自由散读课文之后思考:(1)作者与老北京的小胡同有着怎样的联系?(2)从全文来看,"我"对小胡同有着怎样的情感?

学生们很容易就体会到了老北京的小胡同伴"我"成长,与"我"密不可分;在师生、生生互动中也有效抓住了第1段"思乡"、第4段"转悠"、第11、12段作者对老北京的小胡同怀着无比忧虑、关切之情。

教师顺势而下，在研读课文环节中给了学生以下思考的入口：是什么让"老北京人"对胡同怀着特殊的情感？在具体描绘"小胡同"的段落中，哪段描述给你的印象最深，最有味儿？这种给学生留下了充分情感体验认知空间的提问，勾起了他们的童年回忆和渴望，极大地调动了学生参与课堂的热情，因此回答也非常有质量。

而在提升主旨部分，教师引导学生，从关注文本回归到关注作者情感、关注文化背景上来：作者"寻根"，寻的是什么？你又是如何看待12、13段作者的观点？同学们的学习，在前期铺垫的基础上，思路非常顺畅，他们的交流也格外精彩：小胡同是大世界——善良朴实的人、融洽和谐的生活、美好的童年回忆、风土人情的画卷所构成的是北京（中国）传统文化。"寻根"，寻的是中华传统文化之根。因此，我们要保留祖宗的物质文化遗产，城市发展要有科学价值观。

顺水推舟，酣畅淋漓，教师也借此实现了本文的育人价值。

3. 例如要求学生写作《冬季长跑日记》，本来是立足于生活真实，抒发感悟体会的一件好事，但如果仅仅限定字数：800—1000字，那就太空泛了，反而让学生茫然无措，不知从何入手，便觉写作"是件苦差事"。而笔者依据选材范围限定及初二学生身心发展特点提出了更为切实的指导目标：从知识能力角度而言，要求其能综合运用多种描写手法和技巧；从能力角度而言，要求学生学会观察生活，体悟美好的人与事；从情感态度价值观而言，希望其形成坚持、乐观、勇于拼搏的精神风貌并能发现自己的成长和进步。因此，教师的作文课上有了以下进阶目标：课内：(1)落实从一个角度观察生活，引发思考；(2)写作时能综合运用环境描写(冬季的风景特征)＋人物外貌、神态、动作描写(我身边印象深刻的某个同学或者老师)＋心理描写(我自己)＋感悟思考；(3)能做到点(对某个具体人物的描写)面(对我们班级、全体同学的描写)结合。课后要求学生尝试作如下努力：(1)修改文章至文通语顺；(2)文题采用主标题加副标题的形式；(3)引用一句名人名言以提升主旨。

同时，我还呈给了学生如下内容：(1)从不同角度提供了12个参考副标题，如"坚持的美丽"、"意志之美"、"脚下有阳光"、"跟自己较劲儿"等，实则为了拓宽其思路，让其写作能落实到一个基本的立足点上；(2)诸如"让正面能量战胜抱怨"、"加油，跑出我们的精彩人生"

之类的"In 言 In 语";(3)与情感态度价值观相联系的、能提升思维品质的相关写作材料。

在这样具体可感、切实可操作的指导下,学生所抒写之句不再是文字的游戏和矫情的工具,他们茅塞顿开,思路豁然开朗。教师快速唤醒了学生的生活体验,激活了学生的写作思维,他们写作时始终兴致盎然,处于一种亢奋状态之中,笔下自然会有动人之处,文风也必定清新、健康、向上、喜人。

再如,针对学生生活圈子越来越小,写作越来越"假大空"的现状,笔者日常请学生积累素材写随笔,也强调要求具体,"从自己当下的生活圈子写起"。写从"教学楼下的桂花香"和"九月读书节"来品《中秋的况味》,让学生品味自然之秋与收获之秋;用三五件小事从初识、他最有特色的教学、印象至深的一次教育等来写不同时空下"我"对班主任的认识,体现其人物特质。当在课堂上讲评作文时,一位素来嘻嘻哈哈、心无城府的男生在点评时潸然泪下,他发自内心地感叹:"文字如画面,让我忆起了往日点滴,扣动了我心里的一根弦……"还有,要求学生观察学校校门周围两位行乞人士,用对比的手法来抒写自己对于人生的认识。学生很快就注意到其中一位是常戴熊猫鸭舌帽,头顶红砖,双手合十端坐在红砖围成的圈中"以武求乞",这是一个身体健康然而笔下语不成句的年轻人。而另一位则是一个腿有残疾,拖家带口以"学识求乞"的中年人,他写的字刚劲有力、变化无穷,同时待人有礼,还身体力行爱护环境,俨然一位"文艺大叔"。这样具体的写作要求,让学生回到社会现场,潜心观察,沉浸生活,同时也达到了"世事洞明皆学问,人情练达即文章"的训练目标,从而更好地感触世间的苦痛欢欣,感恩生活,理解世界。

总而言之,教师给予学生的应是"有力的好风",它该是4级和风与5级劲风的结合,而非1级软风或9级烈风。我们投身其中的语文教学应该是一门动态生成的学科,引导学生自觉成长。语文是一门弹性留白的学科激励学生自我提升,是一门规范引领的学科促进学生自能发展。

那么,我们语文教师就一定要在不断地研究、思考中洞悉语文教学的奥妙,准确地把握教学的尺度,追求在快乐学习中提高教学质量,最终,以"有力的好风"托举每一个个体在语文研习的过程中直上青云,展翅翱翔,在属于自己的高度,焕发生命独有的光彩!

(撰稿者:余艳)

孩子眼中有一个色彩斑斓的世界

"快乐学习,自能发展"提示:

给孩子空间,让他们自己去利用。

教师要给学生提供自由发挥、自主探究、自由倾诉、自我学习的空间,多留一些空间给学生,让他们在这空间里,学会创作,学会表达学会沟通,从中体验成功的快乐。

一、我手画我心

美术教学中给空间的内涵主要表现在:给学生自由表达的空间,给学生开放的活动空间,给学生创新的空间,给学生倾诉的空间。总之,在教学的过程中,尽可能地给学生一个宽松、自由的氛围,让他们有充足的时间思考,能充分地表达自己的想法,在学习中对自己有足够的信心和兴趣。

给学生空间,让他们自己去利用。因为学生是学习的主人,老师只是引导者,所有的一切需要学生自主的研究,自主的探索,充分发挥他们的主体性和创造性。这样才能成为学习的主人,成为学生自己生命的乐趣和生活的需要。《全日制义务教育美术课程改革综述》中指出在美术学科中,选择对学生发展有用的、感兴趣的、能够学会的知识与技能,并将它们与学生的生活经验相联系,增强愉快学习、自主学习、探究学习、合作学习、综合学习,努力形成学生的基本美术素养,让他们学会学习,并形成有益于社会和个人的情感态度和价值观。

二、每个孩子的眼中都有一个色彩斑斓的世界

1. 提供自由表现的空间,鼓励用不同艺术形式大胆地表达自己的情感、理解和想象

近代艺术评论大师克罗齐说:艺术就是表现。任何艺术都必然受到表现的影响,即使是再现性作品,里面总有些表现性的因素。离开了表现,任何艺术都是靠不住的,也是不可能的。素质教育的重要内容是注重学生创新能力的培养,注意学生个性的发展,因材施教,因人施教。

对于初中学生来讲,他们都有自己的天地,自己崇拜的对象,自己喜爱的事物,他们单纯明了、富于想象,具备明确的观念性。我们应该尊重他们的心理特点和发展规律,摒弃揠苗助长的实用主义观念。尊重他们已有的经验世界,尊重他们的自主意识。尽可能地留给他们自由发挥的余地和空间。作为教师,在美术教学中,不要以统一的标准和模式来要求学生,而是要让学生充分显示和发挥自己的个性,鼓励学生创新,学会不同于他人、不同于己的新的思维方法。肯定和接纳他们独特的审美感受和表现方式,分享他们创造的快乐。充分发挥他们的主体作用,注重他们自主的学习过程,引导他们运用各种形式大胆表现、自由想象,让他们对美术活动怀有强烈的兴趣和表现热情,以美术带动思维,从而得到生动、活泼、主动、全面和谐的发展。使学生希望表现的愿望得以实现,善于表现的才能得以施展。

2. 给学生开放的活动空间,走进生活,感受生活中的美

长期以来,对于初中的美术教学,在教室里上课已形成了一种习惯,教室的确是我们学习的重要场所,但学生在拥挤的教室里,有时很难获得艺术的灵感,没有得到满足就不能产生愉悦的情绪,教学的主体性就不能体现。

新的基础教育理念要求课堂焕发出师生的生命活力,如何使学生每一堂课都兴趣盎

然,如何引导他们用基础的艺术形式去表现他们内心的情感,陶冶情操,提高审美能力,达到知识、操作、情感、创造的整合。我们可以多让学生走进大自然,不再一味拘泥于教学规定的场所,启用开放课堂活动空间,走向自然,走向社会,投身于五彩缤纷、五光十色的校外生活,感受生活中的美。通过教学手段结合学生美的感受,让学生看得见、听得见、摸得着,从而产生一种愉悦之感。用自己的真情实感去描绘生活、创造生活。真正让学生在自由和欢乐的天地中享受艺术。

3. 给学生创新的空间,注重材料的创新,从生活中,寻找美、发现美、创造美

生活是美术的源泉,生活中的千姿百态、芸芸众生都是以形象化的状态显现,美无处不在。在现实生活中,有很多看起来是"废品"的东西,经过人们巧妙的构思,精心的制作,变成了可观赏、有价值的艺术品,达到了变废为宝、化腐朽为神奇的效果。如生活中常见的树皮、树根、石子、瓷砖、易拉罐、旧报纸等都是绝好的美术创作材料,既经济又环保。因此,我们要不断鼓励学生从生活中不断寻找新型材料,研究其性能和特点发现美、寻找美、创造美,做到与众不同。比如,我让学生以鸡为素材,进行创作,要求打破常规的绘画方式及使用油画棒的技巧,去从生活中寻找新材料进行制作,形式不限,后来交上来的作品让人耳目一新,有的利用鸡毛,有的用毛线、蛋壳,有的用树叶来塑造鸡的形象,给人以不同的视觉感受,画面的肌理效果、层次感都非常好。

实践证明,通过平时的积累和训练,在不知不觉中,绘画能力,动手能力都提高了,自信心也增强了。同时,还培养锻炼了学生敏锐的观察能力和在平凡的事物中发现美、创造美的能力,有助学生想象力和创作思维的发展。同时,也促进了同学们在审美、道德和社会责任意识方面的提升。

4. 给学生倾诉的空间,倾听他们独特见解与想法,增强表达与自信

新课程理念要求我们教师要学会倾听。教师通过倾听学生,关注学生的即时表现,关注学生的观点,关注学生的兴奋与疑惑,耐心的倾听他们的发言,学会接纳和欣赏他们的想法和见解。深入了解学生的思维活动,积极捕捉学生的各种想法。在教学的过程中,由于孩子的生活经历、周围环境、智力水平等各方面的因素存在差异性,对学生提出的问题我们

应做适时的引导和点拨,争取使每位学生的思维跃上一个台阶。同时还要善于听到他们言辞背后的情绪、需求,并热情地呵护和细心地引导他们。让学生真正感受到作为一个独立生命而受人尊重、爱护和喜悦之情。

教师在课堂上倾听的同时应不时地对学生的回答加以鼓励,通过适当升华的语言来评价:如画的不错哦,挺有想象力,你很聪明等等。同时尊重他们的点滴创造,关注学生的思维,关注学生的发现,关注学生的疑问,允许学生适度的发表自己的独特见解与感受,你会发现有许多意想不到的收获。

三、插上想象的翅膀,发现生活中的美

一直以来,对于藏书票的教学,在教室里上课已形成了一种习惯,在课堂教学中,学生在拥挤的教室里,大量的临摹作品、固定的创作素材,对体验制作藏书票的乐趣必然会消减,艺术的灵感、视觉、触觉和审美经验也很难达成。教室的确是我们学习的重要场所,但外面的世界也很精彩。蓝天白云、山川河流、奇峰秀岭、飞舞的蝴蝶、含苞待放的鲜花、破土的小草、放飞的风筝、游动的小鱼……五彩斑斓的大千世界处处蕴藏着美,如在藏书票教学中,不再一味拘泥于教学规定的场所,启用开放课堂活动空间,引导学生走向自然,走向社会,投身于五彩缤纷、五光十色的校外生活,感受生活中的美。

七宝是一个历史悠久、人杰地灵的文化古镇,被称为"大都市里的明清街"。七宝人才辈出,名胜古迹多,世代留下的民俗风情各异,七宝古镇具有极为丰富的创作素材。我们学校座落在七宝古镇的旁边,有着独特资源优势,为此我们设计了"美丽的七宝古镇"这一主题内容,引导学生通过多种形式开展"踏七宝,寻美景"、"我心中美丽的七宝老街"等活动,通过摄影、速写等形式,感知当地自然景象、历史文化的底蕴,熟悉了解古镇传统文化,陶冶自己的情操,增进对家乡的热爱。让学生用心体验收集藏书票创作的相关素材,用自己的真情实感去描绘生活、创造生活。将这种感受注入到藏书票的创作中,使藏书票有了新生的血液。

我们为什么要进行美术教育?美术的关键在于"表达",围绕可视的造型,表达自己的发现和想象。色彩也好,造型也好,最终不都是表达吗?作为教育者,我们得想办法让孩子

有表达自己感受的机会和能力，培养精神享受的能力，培养由生理宣泄上升为心理表达的能力，就美术教学来说，发自内心的感受、发现、想象和表达才是孩子成为未来精神贵族最需要的能力，也是我们美术教育的真正目的。多给学生一些自由表达的空间，多给学生提

6 自然
孩子眼中有一个色彩斑斓的世界

供可创造的空间,充分发挥他们的想象力和创造力,让课堂走向生活,让生活走进课堂,教师和学生在生活化的课堂中平等地对话能调动学生结合生活来学习美术,切切实实地体现了全员参与、有效参与,也真正体现了课堂因生活而精彩,也充分突显了生活是课堂之源!

(撰稿者:谭玲令)

每个孩子都有一颗水晶般的心灵

"快乐学习，自能发展"提示：
给他们一个舞台，让其轻舞飞扬。

我们常说"不放弃一个孩子"，体现在新课程的核心理念就是"一切为了每一位学生的发展"，在教学中具体体现在：关注每一位学生，关注每一位学生的学习情绪、学习情感。在实际的语文教学中由于我们总会遇到基础相对薄弱、语文素质较差的学生，这些学生认为语文内容太多，枯燥乏味，因而缺乏对语文学习的积极性，并逐步发展成为语文学习困难的学生，我们将其称为"学困生"。"要让每个学生都抬起头来走路。"这就是说，学校教育一定要尊重学生的主体地位，尊重学生的人格。对于学困生来说，这一点就尤为重要。

转化初中语文学困生是教学理念的要求，也是初中语文教育教学工作的难点。初中语文学困生的转化工作，是语文老师普遍关注、又均感困难的问题。许许多多的语文老师对此做了大量的、卓有成效的工作。本文从分析结合初中语文教学实践，多方面论述了初中语文学困生的转化策略。

一、亲近学生，奏响序曲

学困生往往自我评价较低，自卑感严重，总以为自己低人一等，他们常常遭受到好学生的歧视、家长的打骂,自尊心受到极大伤害,从而产生"破罐子破摔"的想法,以致越学越差。要想转化学困生,首先要树立他们自强的信心。作为教师,无论是课内还是课外,对学困生用心要精、要细,不可打击、挫伤,要像慈母一样,把全身心用在他们身上,使他们感受到教师的爱,从而间接喜欢你任教的学科,正所谓"亲其师而信其道"。在学习上,教师要耐心帮助他们,要善于抓住他们身上一个个小小的闪光点进行鼓励、表扬,切忌训斥、恐吓、体罚。还可安排他们做教师的小助手,帮助教师收、发作业本,也可安排他们跟好学生交朋友,使他们受到潜移默化的影响。在生活上,教师要关心、体贴他们,成为他们的知心朋友。比如对待小张、小陈和小聂,我总是喜欢亲昵地称呼他们"胖胖"、"彦昊"和"光光",平时有事没事和他们聊聊天,找些他们感兴趣又自认为很得意的话题,让他们觉得老师一直在关注他们。小张喜欢游泳,小陈喜欢音乐,小聂喜欢养小动物……所以几个孩子和我的关系很不错,有时还有些没大没小的和我开玩笑呢。

二、激扬学趣,弹好主旋律

"如果教师不想方设法使学生产生情绪高昂和智力振奋的内心状态,就急于传授知识,那么这种知识只能使人产生冷漠的态度,而不动情感的脑力劳动就会带来疲倦,没有欢欣鼓舞的心情,学习就会成为学生沉重的负担。"特别是学困生,对学习有一种消极情态,低触、厌倦,这种消极情态阻碍了学生对语文的学习。因此,要想转化学困生,培养其学习语文的兴趣是很重要的。我们可以从以下几方面着手:

1. 找准联系,激发兴趣

"兴趣是最好的老师",为了调动起"学困生"学习语文的积极性,改变他上课注意力不集中的状况,提高听课效率,教师应善于结合课堂教学,讲一些名作家的逸闻趣事,在有些知识点的新课引入中,应尽量以学生有亲身感受的实践作引导,使学生明确身边处处有语文,生活中的社会离不开语文,引起学生对语文学习的重视和兴趣,增强学习的自觉性和积极性。由原来的"要我学"变为"我要学",使语文学习对他们来说不再是一种负担,而是一种愉快的体验,他们越学越想学,越爱学。因此,教师在钻研教材时,要善于找准知识间的衔接点,运用迁移规律,以旧知引出新知,这样,容易引起学生的好奇心,激发他们求知的兴趣。并不是所有的学习内容都能引起学生的直接兴趣,这就需要结合教材内容,让学生知道语文知识在日常生活中的应用,认识学习语文的重要性,从而产生兴趣。

比如在讲解"松鼠"这一课的时候,我知道光光平时喜欢观察小动物,就给他布置了一个额外的任务:回家预习的时候要准备明天上课时给大家介绍一下松鼠的生活习性。孩子很高兴地接受了这个任务。第二天课上,光光在发言时非常生动地将文中松鼠的说明和自己平时看到的小松鼠的样子和生活习惯结合起来,还叙述了自己和松鼠一起玩的趣事,那个得意的样子和平时的他判若两人,更赢得同学们称赞和羡慕的目光。这以后很长一段时间,光光的听课和发言的效率都提高了许多。

2. 体验成功,引发兴趣

学习成功带来的愉快感,可以增强学生的信心,使他们产生新的需要和更浓的学习兴趣。教师对那些学困生要低目标、小起点,让他们也能体会到成功的欢乐。有兴趣的学习事半功倍,用目标来激励他们的学习,在实现这些学习目标时,让他们自己去体验成功的喜悦。在感兴趣的基础上,教师与他们一起共同制订一些切实可行的小目标,用这些目标来激励他们的学习,在实现这些学习目标时,让他们自己去体验成功的喜悦。

语文教学莫过于听、说、读、写。而写是最复杂、最高级的综合,写的本身就淬炼了听、说、读。当然对于学困生而言,我们要把要求放到最低,比如:开始可以写一句话,表达自己的心情或天气状况;接下来对身边的人、事做简单的描述和记录,甚至对电视剧的评论;最后逐步地提高要求等等。这两种养成是最简单,也是最重要的,日积月累,持之以恒,学生定会受益匪浅。

这样,就会使学困生感受到学生的成功感,就会逐渐对语文产生兴趣。教师再不适时机地帮助、鼓励,便能引发学生的兴趣向更深更广处发展。

3. 开展活动,巩固兴趣

学生受其年龄特征的影响,对语文产生的兴趣往往不稳定,因此,教师要组织开展各项活动来巩固兴趣,如:"古诗词朗诵比赛"、"小小诊所"、"小作家评比"等。特别注意为学困生设计特长比赛,分成小组,根据他们本身的能力特点开展活动,发挥他们的优势,促使兴趣的巩固。这样的做法不但能够激发他们学习语文的兴趣,还能够调动他们自己都不知道的潜能和信心。

比如在举行班级"宋词赏读比赛"的时候,因为考虑到朗诵是彦昊的强项,我特意让彦昊独立一组。课前我特意和他一起准备,和他一起挑选最适合他朗诵的宋词,一起确定音乐,帮助他修改 ppt,并且让他在我面前单独排练,帮助他调整情感节奏。在班级语文活动的时候,他的表现非常出色,响亮的声音,丰沛的感情,坚定自信的目光,从容的态度,和平时的他形成巨大的反差,赢得全班同学热烈的掌声。那一幕既在我意料之中,又在意料之外——那天的他,比我们私下排练时还要出色得多,那天的彦昊身上有闪亮的光环。

还有一次,是语文的课前两分钟讲话。那天轮到光光。他的 ppt 格式和班级的不一样,打不开,为了能够成功地进行语文交流,他想了很多办法,找同学找老师都不行,最后这个害羞的孩子找到了学校信息办公室,请求信息老师帮助他解决了问题,顺利地完成了当天的课前两分钟讲话。其实他的发言质量很一般,内容也乏善可陈,但是我真挚而热烈地表扬了他竭尽全力做好一件小事的精神和对语文活动的热忱,全班同学都建议给他全班最高分 85 分。看着孩子因为得到肯定和激励高兴得闪亮的双眼,涨红着脸的笑容,我作为语文教师的幸福感油然而生。

学困生转化效果的好坏,除了看他们的自信心、兴趣是否提高,还取决于学习成绩是否提高。因此,作为教师,如何指导学困生进行学习,提高其学业成绩呢?我是这样做的:

(1) 让学困生充分参与到课堂教学之中

为了能让我们班的学困生汤某充分参与到课堂教学之中,我是这样设计的:第一步,事先作准备。为了提高汤某的自信心,我就在课前告诉他老师要问的题目,让他事先做好准备。上课时,我就特意让他回答这些题目,并伺机表扬他。经过一段时间的锻炼,我发现汤某上课举手的次数越来越多。到实践第二步时,我不再事先给他题目,而是在上课时让他回答一些简单的问题,有机会,我还会安排他上黑板做一些基本题,如默写生字等。第三步,让汤某学会评价别人。当别的学生回答了问题或板书了题目,我总把"小老师"的头衔给他,让他来评价。使他在评价别人的同时,自身也不断得到提高。第四步,独立回答一些难度较高的题目。随着课题研究的进一步深入,我还试着让汤某回答一些思维强度比较大的题目了。起初,汤某不太有信心,我就用鼓励的目光看着他,似乎是说"你一定行!"在我的鼓励和提示下,汤某终于把这个问题完整地回答了出来,而且很有条理。经过一段时间的训练,汤某终于敢举手回答难题了。有时,他也会出错,但我从不批评他,而是用"再想想,你准能行!"这些话来激励他。在我的一步步引导下,现在的汤某已经完全投入到课堂教学之中。由于听课效率的提高,知识掌握得较好,他做作业的速度也逐渐加快,正确率也提高了。

(2)有效地安排课后辅导

课后辅导可以由教师根据学困生当天课堂教学中出现的薄弱环节,及时补缺补漏,做到"当日知识当日清"。也可安排互补结对,让他们在互帮互助中共同提高。比如:小陈和小汤都是学困生,但小汤的语言表达能力强,而小陈的写作能力稍胜一筹,为此,我让他们结成"对子",互相学习。几周后,小汤的写作能力提高了,小陈的语言表达能力进步了,可谓两全其美。

三、持之以恒,尾音徐徐

造成"学困生"学困的原因有多种,如先天性弱智或存在生理缺陷、家庭环境的影响、社会环境的影响、教学方法不妥等,加上受年龄、知识、性格的影响,他们的思想与行动往往具有很大的反复性。今天认识的东西,明天又会忘记,刚刚得到表扬,转身又做错事,教师必须正视这一点,不怕麻烦地耐心疏导,要允许学生多次反复,事情的发展往往会有曲折。学困生的转化工作也一样,我们在做学困生转化工作时,不能企图通过几次谈话、补课、家访就立竿见影,对他们转化过程中出现的反复,应客观地加以分析,明确"反复"是学困生转化过程中的一个特点,作为教师,应一而再、再而三、持之以恒地做好学困生的转化工作,弹出意犹未尽的"尾声"。

转化语文"学困生",使他们由厌学变为乐学,是我们每一位语文老师时刻面临的艰巨任务,真正做到这一点,要求我们具有渊博的知识、无私的爱心、奉献的精神,更要求我们掌握精湛的教学艺术,三者完美地结合起来,才能不辱没我们语文教师的神圣使命。语文相对于其他学科而言,其特有的布道传德的特征督促我们将这种使命感作为教学生命的一部分,将语文的美传播到每一个学生心中。

给学困生一个信念,让他的语文学得快乐自信;就是给他一个最适合他的舞台,使他能够轻舞飞扬。每一个学生都有一颗水晶般的心,但是需要我们用教育和爱的魔棒去点亮。

(撰稿者:肖艳红)

让"绿色"住在孩子的心里

"快乐学习,自能发展"提示:
给学生一片"绿色",让他们快乐成长。

这是一个积极向上的班集体,同学们追求进步,营造了一个"团结互助、快乐进取、求真务实、勇于创新"的班级氛围;这是一个热爱学习的班集体,同学们勤于思考,乐学、好学,形成了"勤学好思、专注认真"的良好学风;这是一个勇于实践的班集体,同学们情趣明显,个性特长得到发展;这是一个团结友爱、富有凝聚力的班集体,同学互谅互爱、互相帮助,老师与同学互相关爱,师生、生生关系和谐,是个温馨的大家庭。

一、创班级"绿色"环境

班级"绿色"环境就是适应学生身心发展的空间。一个具有良好的师生关系和同学关系的集体,具有良好纪律和秩序,学习负担相对较低,具有激烈但是有序的竞争。学生能各展其能,得到多方面的发展。

(一)温馨的"绿色"大家庭

以"把班级还给学生,让班级充满成长气息","把创造力还给学生,让教育充满智慧、挑战"的教育理念来管理班级,管理学生。教室是学生的主要活动场所,学生是班级的主人,教师要充分发挥他们的想象力和创造力,激发他们用自己的智慧和双手来创设有特色的且为自己所喜爱的文化环境。班主任要重视班级的环境布置,使之与班级精神文化氛围相协调,成为具有教育意义的环境。

1. 献计献策,我是班级小主人。为了调动大家的参与积极性,我开展了"我是班级小主人"的系列主题活动,小组讨论、代表交流,让每个学生都谈谈自己对班级环境的布置及自己在班级环境布置中该做些什么。设计教室布置方案(如:班级奋斗目标、绿化角、读书角、板报设计与制作、储物箱、垃圾分类、课桌椅排放等)。全班对优秀方案进行评议,选出最佳方案。然后在班会课上让学生发表自己的意见,我参与其中一起讨论。针对他们的建议加以改进,在全班努力下,我们共同制定出了一份布置方案。

2. 让学生自己动手。在活动过程中:我提出让学生自己动手布置教室,给学生提供施展才能的舞台,每个学生根据自己的特长认领任务,竞争上岗。大家都很珍惜这个机会,有的写、有的画、有的张贴、有的设计,既有分工,又有合作。

(二)我是家庭小主人

1. 班级管理岗位的创设,培养学生自主管理的能力。不仅要让学生人人有岗,还要有责、有权、有利,让学生在竞争上岗中积累管理经验,培养管理能力。抓好班级核心,班干部的队伍建设和培养。主动、大胆地做好对学生干部的发掘、使用、扶持、教育和培养工作,尽可能地发挥学生的自我管理、自我监督和自我教育能力。在班干部的选拔和培养上,以让每一位学生都能得到锻炼为宗旨,实行班委干部竞选制、班干部轮换制、值日班长轮岗制、为了使新班集体尽快步入正轨,由班主任将成立临时班委,试用期一个月;一个月之后全班任何同学都有权可以上台演讲竞选班干部,然后全班同学当场实行公投,产生第一届班委,任期一学期(如果中途不尽职,可以暂停或撤换)。

2. 创设班级管理小岗位,让每个学生对班级工作负起责任。创设学生锻炼的平台和机会,班级其他管理岗位,如:课代表、小组长等先张贴出所有岗位,由同学自己填写竞选岗位,如有多人竞争同一岗位则让他们依次试岗一周后PK等等。最后进行职责分工,做到人人有岗位、人人有责任、互相监督、相互协调,实行班级民主管理制度。在工作上加强指导,放手让班干部管理班级各项事务,及时鼓励,严格要求。加强班干部协作能力的培养,既要分工明确又要善于合作,从小事做起,落实到位,哪个环节出问题哪个负责,培养学生的责任心和工作能力。

3. 建立和完善班级管理制度,形成良好的学习成长环境。班级班规、公约的制定做到内化,其操作过程是:学习有关学校规章制度——全班同学讨论提议——班干部汇集整理——初稿讨论——形成定稿并实施,使班级的管理有章可循。

建立班级各项管理制度,善于进行班级的有序化管理,培养良好的班风、学风。为了维护正常的教育秩序,保证学生安全而有效地学习、成长,我们必须要设置各项管理制度。俗话说:"没有规矩,不成方圆。"建立良好的班集体需要有纪律。因为纪律是集体生活的保证,也是衡量一个集体是否坚强的试金石。为了建立良好的班集体,教育学生必须要自觉遵守纪律,养成遵守纪律的好习惯。

首先,组织学生认真学习《中学生日常行为规范》、《七宝二中一日常规》、《七宝二中校园礼仪》等。其次,结合本班实际,按照学校《值周活动管理》的具体要求,同学们共同讨论制定、落实具有本班特色的班级日常考察内容(作业情况、课堂表现、文明礼仪、卫生保洁等)。形成各项精细化管理制度,如:《班级公约》、《值日班长制》、《卫生保洁制》、《环保公约》、《作业检查制》、《一日常规》、《学生评价制度》等。

《一日常规》

1. 早上进校前检查着装是否整齐、红领巾是否佩带。

2. 出操排队做到"快、静、齐",队伍行走要做到"抬头、挺胸、看前方"(做一个有自信的七宝二中人)。

3. 预备铃响值日班长、课代表督促同学尽快安静并组织朗读。

4. 眼保健操时,值日班长、卫生委员督促同学认真做操,保洁组长负责教室保洁。

5. 吃午饭时,每人准备好毛巾和筷子,不使用一次性物品(我校是"绿色"环保学校)。

6. 午休要文明(鼓励学生到室外活动)。

7. 室内操时体育委员领操,值日班长督促。

6 自然
让"绿色"住在孩子的心里

8. 放学后,保洁组长全权负责做好值日工作,值日班长督促检查(出台了"我的岗位及职责"在班里给每位同学设立岗位,让每位同学在班里承担一定的工作,以增强对集体的责任感)。

9. 校园保洁区保洁全员参与,责任到位,谁出问题谁负责;每天由班级卫生干事督促,按学号每天有两位同学负责定时保洁。

10. 值日班长负责一天的班级常规管理,发现问题及时向班主任汇报,记好班级日记,放学前向全班作反馈小结。

最后,按照各项常规管理制度的要求,每天全班进行简单小结,每周评比"我们的★路里程",帮助、督促学生进步。"在家做个好孩子、在校做个好学生、在社会做个好公民",首先要做个好学生,培养学生的责任心,学会承担责任,对自己负责。一个有责任心的人才能会感恩,能孝敬父母,对家庭尽责,对社会尽责,才能真正做一个对社会有用的人。为此,我们开展了"集体需要合作"、"做有责任心的人"主题活动,同学们已形成了一切"要按规则办事"的共识。在校内的日常行为规范,在老师们的日常管理下,同学们较快适应了中学生活,现已基本建立了良好的班级学习成长环境。在班级中形成"好人好事有人夸,不良现象有人抓"的风气。在过程管理中让学生感悟:学会按规则做事,从小养成遵守纪律的好习惯,长大才能自觉遵纪守法。

二、班级"绿色"的精神环境

创设各种有利于学生身心健康发展的主题活动,让学生在自我教育中成长。预备年级的学生经历从小学到初中的转型,较多的学生不能马上适应中学生活。约有半个学期,本班有1/3—1/2的学生不能较好地领会老师的要求(作业丢三落四少做漏交、做错地方、不规范作业、课堂坐不定等)。学生要学会学习,必须要培养良好的学习习惯。凡是学习成绩好而且稳定的学生,都是从小培养形成良好的读书学习习惯;而成绩忽高忽低的学生,往往缺乏良好的读书学习习惯。六年级就围绕"培养学生良好的读书学习习惯"的主题开展了一系列教育活动,如:(1)"我的学习我作主"活动,进行学习习惯和学习方法的问卷调查、指导学生制定个人学习发展目标和计划及作息时间表("新学期、新目标")。(2)"我们共同进步"活动,组成"一帮一"结对子互助活动(负责查看备忘录记录,督促语文和英语的读、背、默、收交作业,纪律常规的监督等),实施个人学习计划。(3)"看看我的进步"活动,开展学习经验交流、制定期中复习计划("面对期中考试")、期中考后反思小结(召开主题班会:"比比谁最棒"),找差距、确立下一阶段的目标,争取再创佳绩,达到自我教育的目的。(4)"赛赛谁的进步大"活动,阶段小结调整学习计划;制定科学的作息时间表并实施;同时开展"夸夸我自己"活动,有以四人小组共同寻找组内同伴的闪光点与不足,请家长写"父母眼中的孩子",让学生从不同的评价中全面认识自己,扬长避短,确立自尊自信,不断进步。(5)"我行,我能行"活动,由学习方法、好习惯交流,个人、班级工作小结。所以我们班自修课的纪律,回家作业单独完成的情况,上课认真听讲的状态,我都一一将每个人的情况熟记于心,一有机会,就点拨引导。通过这一系列活动,学生进步很大。同学们说:"班级同学的学习气氛很浓,大家总是你追我赶,互不相让,所以每个人的进步都很快。在学校组织各项文体活动时,大家都能踊跃参加,并经常取得好成绩。生活在这样的班级中,总感到有一股力量在推动我们不断向前进,我们感到自信和自豪。"

三、班级"绿色"的心理环境

目前的中学生中,不少人存在心理上的偏差和心理疾病,有的学生终日过着"单调而紧张"、"烦躁抑郁"的生活,任性、冷漠、孤独、自私、嫉妒、自卑、恐惧等心理问题,严重影响学生的身心健康发展。因此,创设良好的氛围,营造健康的心理环境,加强心理健康教育,提高学生心理素质显得非常重要。

1. "爱"的颜色

建立团结互助和谐友爱的班集体,创设一个宽松、和谐、民主的育人氛围,能让学生在健康的环境中得到发展。著名哲学家卢梭说过,凡是缺乏爱的地方,品德、智慧很难得到发展。孩子的成长需要爱,爱是孩子心理营养的重要来源和主要成分。他们一天中有绝大部分时间生活在班集体中,要让班级充满温馨,老师每一个温柔的目光,每一句热情的夸奖和鼓励,每一个轻轻的微笑都能让他们体验到快乐和满足,特别是那些性格孤僻、内向、胆怯、平时较少得到关注的孩子,爱就显得更为重要。

在班里开展"爱"的系列主题活动。(1)开展"情系灾区"爱心募捐活动。(2)开展"我送玩具、弟妹玩"的手拉手活动,为上海民工子弟学校的学弟学妹们赠送儿时我玩的玩具。让队员在活动中学会关爱他人、树立奉献的意识。(3)召开"我爱我家"中队会,培养学生的集体荣誉感,增强班级的凝聚力,从而使学生间形成团结互助的和睦关系。(4)班级中开展"手拉手"互帮互学、互助互爱的结对活动,能让学生之间相互了解,相互信任,建立平等友爱的同学关系。对于有困难、有缺点的学生,用平等真诚的态度给予帮助,使他们在学校里心情愉快,精神放松,能增强其信心,激发其求知欲,使他们能勇敢面对困难。学会对他人理解、尊重、宽容。

2. "把班级还给学生,让班级充满成长气息","让课堂焕发出生命的活力"

和谐、活跃的班级氛围是发挥学生学习潜力,培养学生敏捷思维、主动学习、积极乐观、自信向上的心理品质的重要条件,良好的班级心理环境是高质量教学的有力保证。心理学研究表明,和谐愉悦的氛围有助于学生积极参与课堂活动,而紧张冷漠的气氛会大大抑制学生的学习热情。针对班级中学生过分内向、孤僻、胆小、自卑、课堂过分安静没人举手发言等情况,为减轻消除学生学习上的心理压力,培养学生对学习的一种良好心态,我开展了"寻找生命气息"的活动,让学生走出课堂,感受自然生命的气息。我鼓励学生积极参与学校的体育、科技、艺术节和俱乐部活动,使学生的情感得到体验,行为得到锻炼,让学生充分展示自我,增强学生的学习兴趣、信心和勇气。

3. "绿色"的师生关系

学生在成长中出现问题是很正常的事,当发现问题时如何处理是关键。以情感人,以理服人,关心关爱每个学生的成长,是贯穿于德育工作中的重要原则。那种不看对象,不顾后果,习惯于"强压式"的传统德育办法只能是带来学生的抵触情绪和逆反心理。老师们可能会遇到:班里总有些学生常犯些错误,开始几次班主任总是耐心教育引导。谁知这同学老是好不了几天,又违反纪律,犯多了教师也少了耐心,少了引导,训斥责备的强压式方法又来了。到最后教师的时间精力花费了不少,得到的只是学生表面的服从,这些学生的不良行为并没有实质的改变。教育效果几乎等于零。所以既然我们的工作对象是人,那么,教育工作就要以人为本,强调人的主体性,因人施教,把理解学生、尊重学生、关心学生、爱护学生作为活动准则,把"管、压、罚"的德育观念转变到"导、育、爱"上来。我班同学也常常会给我创设一些教育的情景:例如为了安全,同学们已习惯在排队离开教室时关好门。有一位同学去公共教室上完课回教室时,已有三次用手臂撞门进入教室;有一位全班最胖的同学上完体育课提前回教室,居然是从窗口爬进了教室。面对这两起事件,我从其他知情同学处了解目击经过,然后找当事学生谈话(与家长联系共同教育引导学生),及时在全班展开讨论:这是什么行为?可能会带来怎样的后果?通过讨论交流让学生知道:这是极不文明的行为,撞门、爬窗与谁媲美?这是极不负责任的行为,对自己的身体、生命不负责任(要珍惜、珍爱生命),是对父母家庭不负责任的行为,对班集体、同学的不负责任,轻则违纪重则违法——于是趁机开展了"生命来之不易"主题活动,在活动中让学生体验父母为自己生命的诞生和健康成长所付出的艰辛,感受生命的可爱和可贵,懂得珍惜和珍爱生命。还激发学生对父母、老师和社会的感激之情,增强对家庭、社会、他人的责任感,热爱生命,珍爱生命。

四、"绿色"的互动平台

创建向社会开放的班级环境,建立家校联动"绿色"机制。通过家访、约见家长、电话联系、家长会、备忘录交流等形式,加强与家长的沟通,家校互动,有效促进学生健康成长。有调查显示:当代学生心目中的父母地位日渐提高,在回答"最尊敬的人"时,父母排在了第一位。回答最"崇拜的人"时,父母是排在第二位。父母对孩子的健康成长起促进作用。但学生平时有想法却很少与家长沟通,最多的是和好朋友讲。相当部分家长对孩子的教育感到困惑。面对此现象,我们的班级应该对学生家长开放,让家长重视孩子的心理健康,本着理解、宽容、关爱的心去与孩子沟通,以朋友的角色与孩子沟通,使孩子感到家庭就像班级,班级也是自己的家。

《未成年人保护法》规定:家长有督促、教育、引导孩子健康成长的责任。抓住家长会与全体家长面对面沟通的机会,共同探讨:如何关注孩子的学习、关注孩子的健康成长。就习惯养成这个问题,班主任需要及时地得到家长的重视和配合。要求家校配合共同督促孩子学会"按规则办事",培养文明行为规范,养成科学、文明、健康的生活方式。督促孩子有意识地集中注意力用于学习。抓紧时间、养成主动学习的习惯和及时完成规定的学习任务的习惯,按时完成全部作业、认真思考、认真书写,养成认真作业的习惯。家长每天要在备忘录上签名、写上完成全部作业的时间,家长也可以给老师留言等,这是家长、老师、孩子相互沟通的平台,有助于孩子的健康成长。针对学生成长中出现的问题,在家长会上,我们一改传统的模式,采用了圆桌座谈的形式,就"如何培养学生良好的学习习惯"和"怎样培养学生良好的阅读习惯"这些话题由家长主持会议,展开探讨和交流。我还指导家长有针对性地阅读"不输在家庭教育上"相关内容,布置思考题,要求家长按规定完成作业。作业交由家长委员会家长批改,选出优秀的家长作业在家长会上交流。在班级家庭教育指导委员会成员的主持下,我班家校平台不仅充分发挥了家长学校的作用,而且对学生的家庭教育做出了有效的指导,受到了家长的认同和好评。

虽然我已是二十多年教龄的老教师了,但我还是习惯在和家长沟通前,想想"幼人幼及人之幼"的道理,不同的孩子来自不同的家庭,有着不同的家长,但大家的心愿是一致的。我总习惯站在孩子家长的立场上事先多思考一点:我希望我们之间的沟通达到什么目的。我不会当着孩子的面对家长粗声粗气,也不会当着家长的面训斥孩子,让每个家长和孩子都明白,作为老师,我永远有原则,虽严格但不严厉,宽容但绝不会放纵。在这样的基础上,我教过班的学生家长都慢慢把我当成是朋友、是大姐、是长辈,在这样的基础上,又有什么样的事不能协调和沟通呢?

这个"绿色"的大家庭,为学生提供了良好的班级社会生态环境,使我班学生实现了从自我认识到自我评价、从自我体验到自我调控、自我实现的自能成长过程。当我的学生挽着我的手或唱着自编的歌敲着我的背时,我感到在这样的班集体里,我和我的学生一起学习着、成长着、工作着、并快乐着。

(撰稿者:卢玉兰)